歴史文化ライブラリー
88

吉川弘文館

王宮炎上

アレクサンドロス大王とペルセポリス

森谷公俊

目次

1　アレクサンドロス大王の実像を求めて

アレクサンドロス大王の実像を求めて

ペルセポリスの遺跡

イランの北西部から南東に向かって走るザグロス山脈。延長二〇〇〇キロにおよぶこの山脈の南東部の盆地に、イラン第五の都市シーラーズがある。そこから北東へ六〇キロ、車で約一時間走ると、糸杉の美しい並木のあいだをまっすぐ伸びる道の向こうに、アケメネス朝ペルシア帝国の都、ペルセポリスの遺跡が姿を現わす。高さ一二メートルをこえる黒灰色の基壇の壁は垂直にそそり立ち、まるで要塞のようだ。正面階段を登って基壇の上に出ると、そこは一二万平方メートルにおよぶ広大なテラスである。玄関の門柱を支える牡牛と人面獣の彫刻、宮殿の堂々たる階段と荘重な浮彫り、大広間にそびえる十数本の太い円柱、これらがかつての都の威容をしのばせる。

イランの冬は雨の季節である。一九九九年二月二八日、私がこのペルセポリスを訪れた日も、強い雨が降っていた。正面階段の前も大広間の跡も、水がたまって池のようだ。時おり風にあおられて雨は横からふりかかり、コートも靴もびしょ濡れになる。傘を持つ手もすっかり冷えて、手袋をもってくればよかったと後悔した。とにかく大きい。古代ギリシアの世界とはやはりスケールが違う。門をくぐり、広間を横切り、部屋から部屋へ抜け出ると、目の前には次の建物が待ちかまえている。やっと一周してから、テラスの東につらなる山の中腹へ上がると、平原をとり囲む遠くの山々が雨と霧にかすんで見えた。紀元前五〜四世紀の昔、この平原に入って来た人々は、突然かなたから目に飛び込んでくるこの宮殿群を、どのような思いで眺めたであろうか。

二時間ひたすら歩きまわるうち、ペルセポリスの重みがしだいに肌に迫ってくるような気がした。その重みは、たんに遺跡の巨大さと二千四、五百年という時間のせいだけではなかったろう。目の前の廃墟は、アレクサンドロス大王が王宮に放火したという、まさに人為的破壊の結果であるという事実を、疑いようもなく突き付けられたせいだったのかもしれない。

アレクサンドロスによる放火

前三三四年春、マケドニアのアレクサンドロス大王は、約四万五〇〇〇の軍を率いて東方遠征に出発した。それから小アジア、シリア、エジプトをつぎつぎと征服し、前三三一年秋にはガウガメラの戦いに勝利して、アケメネス朝ペルシア帝国を事実上滅ぼした。そして前三三〇年一月、彼はこのペルセポリスを占領し、そこに四ヵ月滞在する。この間に彼は王宮に火を放ち、壮麗な宮殿群の多くが燃え落ちて廃墟となったのである。

今日ペルセポリスの遺跡はイラン観光の目玉になっており、アレクサンドロス大王がこれを焼き払ったという事実は旅行案内書にも必ず書かれている。ところがあまりに有名な事件でありながら、じつはその真相については不明な点が多いのである。そもそもアレクサンドロスがどのような状況で放火したのかということについてさえ、すでに古代から二種類の伝承があった。一方の伝承は大王が熟慮のうえで計画的に放火したと述べ、もう一方の伝承は、酒宴において酩酊した大王がたまたま同席していた遊女にそそのかされ、側近たちとともに衝動的に火を放ったという。一般には後者の伝承の方がよく知られているが、どちらが正しいのかは研究者の間でも必ずしも一致していない。また放火の時期は占領直後の一月なのか、それともそこを出発する直前の五月なのか。さらに放火の動機は何なのか。これらの問題についてもさまざまな解釈が出されているが、いまだに決着を見ていない。

万を数える将兵の目の前で起きた事件でありながら、真相をめぐってなぜこれほどの食い違いが生じたのか。おそらくペルセポリス王宮炎上事件は、アレクサンドロスの東方遠征のなかで最も劇的な出来事であり、それゆえにこそ後世の人々の想像力をかきたてたのであろう。

東方遠征のなかの王宮炎上事件

他方でマケドニア軍によるペルセポリスの占領が、アレクサンドロスの政治路線にとっても重要な転換点であったことは、多くの研究者が認めるところである。それゆえ王宮炎上事件には、アレクサンドロスの治世に関するさまざまな問題がからまってくる。

第一に、アレクサンドロスが当初かかげた東方遠征の大義名分は、ギリシア人のためにかつてのペルシア戦争（前四九〇～四七九年）の復讐を果たすというものであった。この観点からすれば、ペルセポリス王宮の炎上と破壊は、まさしく報復戦争の完了を告げるにふさわしい行為である。しかし当のギリシア人はこれを額面どおりに受け取ったであろうか。たしかにギリシア人はマケドニア軍の同盟者で、東方においては支配者の一員であった。しかし同時にギリシア人はほかならぬマケドニア王国に征服されたばかりであり、王としてのアレクサンドロスに服属していたのである。支配者たるマケドニア人と被支配者たるギリシア人とが、ペルシア人に対してはともに征服者であるという、この二面性が、放火をめぐる伝承にも影を落としてはいないだろうか。

第二に、ペルシア帝国滅亡後のアレクサンドロスは、アジアの王としてアケメネス朝の支配を継承し、東方の諸民族とも積極的に協調するという政策を本格的に実行しはじめる。しかしそれならばなぜ、ペルセポリスに放火してこれを破壊したのだろうか。王宮への放火は、はたして東方協調路線と両立するのだろうか。

第三に、アレクサンドロスの新政策とは逆に、一般兵士や少なからぬ側近たちはマケドニア国家中心の立場から、あくまでもマケドニア人が征服者として東方に君臨すべきだという立場を貫こうとした。そのため大王を支持するグループと、それに反発する兵士・側近とのあいだに政治的対立が生まれ、それは大王による反対派の粛清にまで発展する。こうした陰惨な諸事件から、アレクサンドロス大王を専制的な暴君とする見方が生まれ、そうした大王像はのちのローマ帝政時代に広く普及していた。酒に酔ったうえでの衝動的放火という伝承は、暴君としての大王像とどう関係するのだろうか。

こうしてペルセポリス王宮炎上事件の研究は、アレクサンドロスの政治路線はもちろん、ギリシア人・マケドニア人・ペルシア人相互の政治的関係から、大王個人の性格にいたるまで、きわめて広汎な問題にかかわってくるのである。

もちろんその前提として、炎上事件それ自体についての検討が必要である。幸い二〇世紀前半にペルセポリスの組織的な発掘調査が行なわれ、すでに大部の報告書が刊行されている。それによれば、いくつもの建物で床や壁に火災で焦げた痕《あと》が発見され、燃えた木材は灰となって厚く堆積していた。こうして宮殿群が火災によって失われたという事実は考古学的に証明されている。そこで発掘結果をさらに詳しく調べれば、放火の様態や時期の問題を解決するための手がかりが得られるはずだ。こうして古典史料、すなわち古代に書かれたアレクサンドロス大王伝と、発掘報告書の双方を分析し、互いにつき合わせることによって、王宮炎上事件の真相が明らかにできるだろう。

本書はアレクサンドロスの治世全般について考察するものではないし、今の私にはそれだけの用意もない。欧米諸国におけるアレクサンドロス研究が膨大な蓄積をもつのに対して、日本におけるそれはまだまだ緒についたばかりである。王宮炎上事件を可能なかぎり広い視野で考察することで、わが国におけるアレクサンドロス研究を一歩でも前進させることができれば幸いである。

最後にペルセポリスという言葉について簡単に説明しておこう。これはギリシア語であり、ペルシア人自身はこの都市をパールサと呼んだ。これはペルシア語でペルシアを意味し、彼ら自身の王国発祥地の呼び名でもある。このパールサをギリシア人はペルサイあるいはペルシスと呼んだ。ペルセポリスという名前は、「ペルシア人の都市」を意味するギリシア語、ペルサイ・ポリスの短縮形である。

ペルセポリスの都

建設までの道のり

ペルシスの地

ペルセポリスの王宮が位置するのは、ザグロス山脈の南東部、古代ペルシア語でパールサと呼ばれた地方のマルヴ・ダシュトの平野である。海抜一七七〇メートル。パールサは古代ギリシア語ではペルシスと呼ばれた。この地方の様子について、ローマ帝政時代にアレクサンドロス大王伝を書いたアリアノスは次のように述べている。

ペルシスの地は気候帯では三つに区分されるというのが大方の意見である。まずエリュトラ海（ペルシア湾）に近く人が住んでいる地域は、暑熱のために砂地であり不毛だが、これについで北風の方角へ進めば、気候は寒暑がほどよく混ざって温和になり、土地は草地風で、水気に潤った緑の野原にかわる。ぶどうも豊かでオリーブを除けばどんな果樹も生育している。ここはあらゆる種類の苑囿《えんゆう》に充ち、きれいな水の河川が流れ抜け湖も豊か、川や湖に集まる鳥という鳥にもまた馬どもにとっても、ここは住みかとしてまことに恵まれ、その他の役畜にまで牧草地が与えられている。またどこでも樹木が豊かに繁茂していて野獣の数も多い。（『インド誌』第四〇章二～五節、大牟田章訳、一部変更）

ザグロス山中というと、ごつごつした険しい土地を想像しがちである。たしかに大地から突き出たような岩山は黒々として猛々《たけだけ》しい。しかし山々の間に広がる盆地は見渡すかぎりの平坦な土地である。温暖な気候と豊かな緑に恵まれた現在のファールス州は、まさにアリアノスが描いたとおりの印象をあたえてくれる。

ペルシア帝国の成立

パールサは古代ペルシア王国発祥の地であった。古代ペルシア人がザグロス山脈をゆっくりと南下してこのパールサ地方に定着したのは、紀元前七〇〇年ごろのことである。はじめはエラム人に服属し、前七世紀中ごろにテイスペスという人物が王位についた。しかしそれはごく小さな地方の王権にすぎず、エラム人の勢力が衰えてからは、イラン高原に台頭したメディア人の支配下にあった。しかるに前五五四年、テイスペスの曾孫にあたるキュロス二世がペルシア人を決起させ、前五五〇年にメディア人の支配を倒して独立をはたした。それからキュロスは活発な征服戦争を行ない、前五三九年には新バビロニア王国を滅ぼして、ここにオリエント世界を統一した。彼が死んだ前五三〇年には、ペルシア人の支配は中央アジアの西部からイラン高原、小アジアの大部分にシリア地方を含む大帝国に拡大していた。キュロスを継いだカンビュセス（在位五三〇～五二二年）は、さらにエジプトに遠征してこれを征服した。

前五二二年、カンビュセスがエジプトからの帰国途中に死ぬと、ダレイオスが王位を手に入れ、多くの反対勢力を倒して王権を確立した。ペルシア帝国の中央集権的な支配体制を確立したのはこのダレイオス一世である。彼は領域全体を二十余の行政区に区分し、それぞれに総督を置いて軍民の実権を委ねた。そして実効的な支配を確保するために王の道をはじめとする幹線道路や通信網を整備した。その一方で、服属する多くの民族に対しては寛容な政策をとり、貢納と軍役の義務を果たすかぎりは彼ら固有の言語・宗教・慣習を尊重して、それぞれの内部問題には干渉しなかった。こうしてダレイオスのもとで世界帝国としてのペルシアの体制が定まり、以後二〇〇年近くにわたって諸民族間の広汎な経済的・文化的交流が実現したのである。

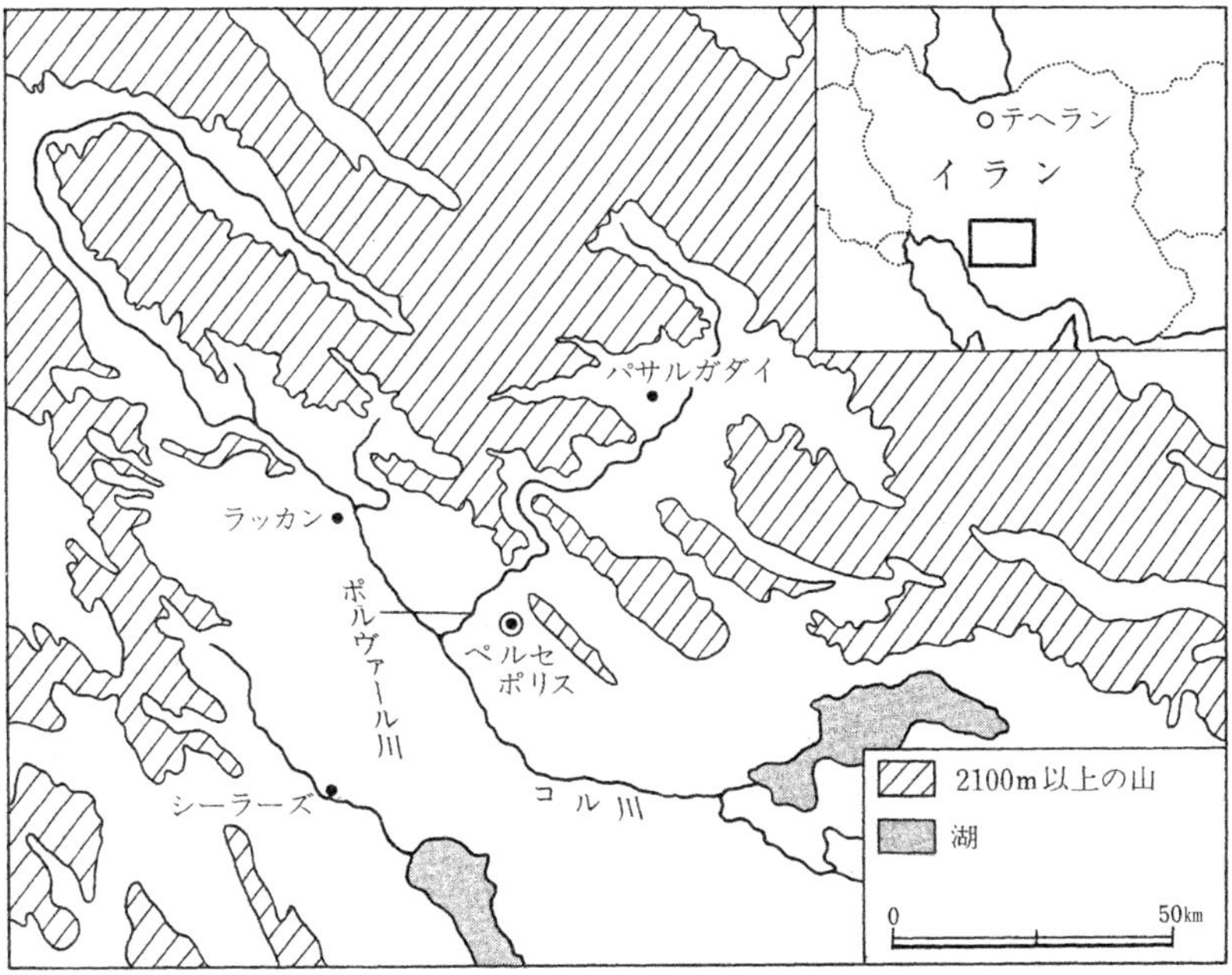

図1　ペルセポリスとその周辺

ダレイオスがペルセポリスを建設する以前、ペルシア帝国には次の四つの都があった。

五番目の都

(1)エクバタナ

現在のハマダーンにあたり、前八〜六世紀にメディア王国の首都であった。ギリシアの歴史家ヘロドトスは、七重の城壁をもつ大規模な都市であったと伝えている。ただし現在の市街地が古代遺跡の上にあるため、発掘調査は行なわれておらず、ヘロドトスの記述を確かめることはできない。しかしペルシア人は独立後にメディア王国の統治組織を継承したから、その都を引き継ぐのもごく自然なことであった。

(2)スサ

ザグロス山脈西麓《せいろく》のフーゼスターン平野にあり、ペルシア湾頭から二四〇キロ北に位置する。メソポタミアとイラン高原をつなぐ交通の要衝として先史時代から栄え、前二〇〇〇年紀以降はエラム王国の首都であった。周囲の山が北からの季節風をさえぎるために、夏は猛烈な暑さにみまわれ、摂氏五〇度にも達することがあるという。ダレイオスはここに新しい宮殿を建設し、また小アジアのサルデスに至る王の道の起点とした。

(3)バビロン

ユーフラテス川の両岸にまたがる古都で、現在のバグダードの南九〇キロに位置する。前一八世紀のハムラビ王のもとで政治的に重要な役割を果たすようになり、それ以来いくつかの王朝の変遷にもかかわらず、メソポタミアの中心都市として第一級の地位を保ってきた。

(4)パサルガダイ

ペルシア帝国の心臓部にあたるパールサ地方にあり、現在のシーラーズの北東九〇キロに位置する。キュロスが定めたこの都は、ペルシア人にとってはじめての自前の首都であった。パサルガダイとはキュロス自身の出身部族の名前である。そこには美しい王室庭園がつくられ、何本もの水路が樹木をうるおし、彼自身もその敷地の一角に埋葬された。

以上四つの王都のうち、パサルガダイの宮殿はキュロスの死後には大王の即位式に使われるだけになった。またペルシア大王は一つの都から次の都へとたえず移動しており、涼しい高原にあるエクバタナは夏の都として、炎暑のきびしいスサは冬の都として利用された。したがってこれらの王都を今日的な意味での首都とみなすことには無理がある。その時々における王と宮廷の所在地が首都であった。ただ全体的な傾向として、スサが行政の中心地だったようである。

したがってペルセポリスはペルシア帝国の第五番目の都ということになる。ダレイオス一世がその建設を命じたのは、前五二〇年ころであった。

ダレイオスはなぜ彼自身の新しい王宮を建設しようとしたのか、そしてなぜペルセポリスの地をその場所に選んだのか。それはダレイオスが即位した事情に深くかかわる。

王位簒奪者としてのダレイオス

ダレイオスが王位についた経緯について最も重要な史料は二つある。一つはダレイオス自身がベヒストゥン（ビーソトゥーン）の断崖に刻ませたいわゆるベヒストゥン碑文、もう一つは前五世紀ギリシアの歴史家ヘロドトスの作品で、ペルシア戦争を主題にした『歴史』である。両者が一致して述べるところでは、カンビュセス王にはバルディヤという名の弟がいたが、カンビュセスはバルディヤを殺害し、その事実を秘密にしたままでエジプトへ遠征した。しかるにガウマタという僧侶が本国で王位を奪い、カンビュセスはエジプトからの帰国途中に死んだ。キュロスの直系が途絶えたため、傍系の王族であるダレイオスが六人の貴族の同志とともに王位僭称者《せんしょうしゃ》のガウマタを殺害し、王位についたというのである。

しかし最近の研究はこの記述を綿密に批判・分析し、むしろダレイオスこそが王位簒奪《さんだつ》者《しゃ》であるという結論を出している。それによると、カンビュセスはエジプトを征服したのち、ナイル上流をさかのぼってヌビア地方に攻め入ったが、この遠征に失敗して多くの将兵を失った。これがきっかけで弟のバルディヤが王位を奪い、絶え間ない戦争に疲弊していた貴族や一般ペルシア人も彼を支持した。この事態に対処しようとしたカンビュセスがエジプトからの帰りに死ぬと、カンビュセスに従っていたダレイオスがバルディヤを殺して王権を手にしたのである。すなわちダレイオスはカンビュセスの後継者であるバルディヤを殺害した王位簒奪者であり、カンビュセスの死にも彼が手を下した可能性がある。さらにある研究者は、ダレイオスは王族の一人ですらなく、王家の外部の人物であって、アケメネス王家というのはダレイオスが自己の正統性を証明するために創作した家系であるとさえ主張する。ともかくダレイオスこそがペルシアの正統な王権を奪ったのだという説が、近年有力になりつつあるのである。

さて前五二二年九月二九日にダレイオスがバルディヤを殺害して王位を奪うと、至る所で反乱が起こり、帝国全域が動乱状態に巻き込まれた。ペルシア人の故国ペルシスも例外ではなかった。ここではワフヤズダータという人物が王を名のり、広汎な民衆からも支持を得て、その勢力はイラン高原から東は今日のアフガニスタンにまで拡大した。ダレイオスは自ら軍を率いてバビロンへ赴いたため、ペルシス地方へは部下のアルタワルディヤを派遣して、この反乱の鎮圧にあたらせた。前五二一年五月二四日、両軍はラカーという地点で交戦し、偽王ワフヤズダータは四四〇〇〇人の兵を失ったが、戦闘の決着はつかなかった。七月一五日、両軍はパルガ山の付近で再度戦い、反乱軍の六〇〇〇人以上が戦死してワフヤズダータを含む四〇〇〇人以上が捕虜となった。ダレイオスは彼を五二人の側近とともに杭刺《くいざ》しの刑に処し、こうしてペルシス地方における反乱は終息した。これ以外の反乱もつぎつぎに鎮圧し、ダレイオスはまる一年以上の時間をかけてようやく王権を確立することができたのである。

勝利の記念建造物

ダレイオスは勝利を記念して、イラン西部のベヒストゥンの断崖に、彼の事蹟をレリーフとともに三ヵ国語で刻ませた。いわゆるベヒストゥン碑文である。それによると前五二一年の末までに、ダレイオスは一九回戦って九人の王を逮捕・処刑したという。じつはこのベヒストゥンとは、彼がバルディヤを倒したまさにその場所である。そして自己の行為を正当化し、王位の正統性を証明するために、彼はカンビュセスによるバルディヤ殺害、ガウマタの王位僭称という虚構を作り上げたのだった。

勝利のもう一つの記念がペルセポリスの建設である。これは直接には、パールサにおける偽王ワフヤズダータに対する勝利に関係している。ベヒストゥン碑文の古代ペルシア語テキストによると、この偽王を処刑した場所はウワーダイチャヤで、この地名は同じ碑文のエラム語テキストではマテチスと書かれている。しかるにペルセポリス王宮で発見された粘土板文書にはマテチスという地名が頻繁に登場する。両者が同一の場所を指していることは確実で、しかもそれは王宮のすぐ西に隣接する重要な町だったのである。

決定的な勝利をおさめた場所に新しい宮殿をつくるというダレイオスのやり方は、じつはキュロスの先例にならったものである。ペルシア人の口伝《くでん》によると、キュロスが前五五〇年にメディア王アステュアゲスに勝利したのは、まさにパサルガダイの平野においてのことだった。そしてキュロスはこの戦闘を記念して、その地に王宮を建設することを命じた。ダレイオスは、このようなキュロスの前例にしたがって勝利の記念建造物をつくり、逆にそのことによって自己の王位簒奪を正当化しようとしたのである。

なおダレイオスが新しい宮殿を造ったことは、パサルガダイが軽視されたり無視されたことを意味するのではない。ダレイオス以後の王たちはいずれもパサルガダイで即位式を行なったし、キュロスの墓もアケメネス朝の滅亡まで手厚く守られていったのだから。

ペルセポリスの建設

基壇の造成

新しい王宮を建てる前に、大規模な基礎工事を行なう必要があった。クーヘ・ラフマト山脈の麓《ふもと》から平野へとつらなる岩の斜面から、まずは方形の基壇を造成しなければならない。小高い部分を切り取ったり、凹地には切石を積んだりして望ましい高さに整え、周囲には壁をめぐらせる。次に基壇の表面を整備して建物の土台を造る。土台は一枚の平面ではなく、自然の岩盤の形に制約されて、高さの違ういくつかのテラスがひな段のような形に仕上げられた。こうして平行四辺形に近い方形の基壇ができあがった。その角度は南北の線から西へ約二〇度ずれている。基壇の大きさは西側の辺が四五五メートル、北側の辺が三〇〇メートル、東が四三〇メートル、南が二九〇メートル。中央軸は南北が四二八メートル、東西が三〇〇メートルで、基壇の高さは地面から約一二〜一四メートルに達する。基壇全体の面積は約一二万平方メートルにおよんだ。

基壇の工事には、表面下の排水路の建設も含まれていた。これは基壇に降った雨を排水して煉瓦造りの建物が傷まないようにするためである。また東側の山の斜面から雨水が流れ込むのを防ぐために、深い貯水池も作られた。主な建物の完成にはダレイオスを含む三代の王の治世を必要としたが、こうした排水設備を含む基壇の統一的な計画がダレイオスによって立案されたことは確実である。

ところで建設の年代を示唆する史料が一つある。それは基壇の南側正面にダレイオスが三ヵ国語（古代ペルシア語、アッカド語、エラム語）で刻ませた碑文である。その碑文のペルシア語の部分に、大王に貢納をもたらす諸国と諸民族が列挙されており、そのなかに「海のかなたの諸国」という語句が現われる。ある学者はこれをヨーロッパのスキュタイ人を指すものと解釈し、この碑文が作られた時にはスキュタイ人に対するダレイオスの遠征はすでに遂行されていたと考える。この遠征についてはヘロドトスの『歴史』が詳細に記述しており、その年代は前五一三年とされている。したがって、この年までには基壇は完成していたと見てよい。それから一連の宮殿群の建造が始まったわけである。以下では

図2　王宮の復元模型

上は基壇入口の大階段と万国の門，下は北西からの眺め．

図３　アパダーナ北階段

図４　アパダーナの円柱

アレクサンドロスによる放火を検討するための前提として、建物自体に焦点をあててペルセポリス建設の経緯を概観することにしよう。

ダレイオスの建設活動

ダレイオスは基壇を築いたあと、基壇全体の入口として北西部分に幅七メートル、一一一段の堂々たる登り階段を造った。それから会議の間と彼自身の宮殿を完成し、さらにアパダーナと宝蔵の建設を開始した。

アパダーナとは一般には方形の巨大な多柱式広間のことで、ペルセポリスで最も高くもっとも広大な建物である。伊藤義教氏の言語学的な研究によると、「柱によって屋根が床から引きはなされている石造の高閣建築」という意味の三つの単語からなる表現に由来するという。もっともその語源については諸説あり、現在でも定まっていない。建物の北と東に登り階段があり、床は基壇の表面から三メートル上にある。入口にあたる柱廊をくぐると六〇〇平方メートルの大広間に入る。天井を支える三六本の柱は一九メートルの高さに達し、床は緑色がかった灰色の漆喰で仕上げられ、周囲は厚さ五メートルもある壁で囲まれていた。ここで発見された碑文には、「(余は)ダレイオス、偉大なる王、諸王の王、諸邦の王、アケメネス家のヒュスタスペスの息子。……神々のなかで最も偉大なるアフラマズダーが余にこの王国を与えた。アフラマズダーが余と余の王家を護りたまわんことを」という文章が刻まれている。

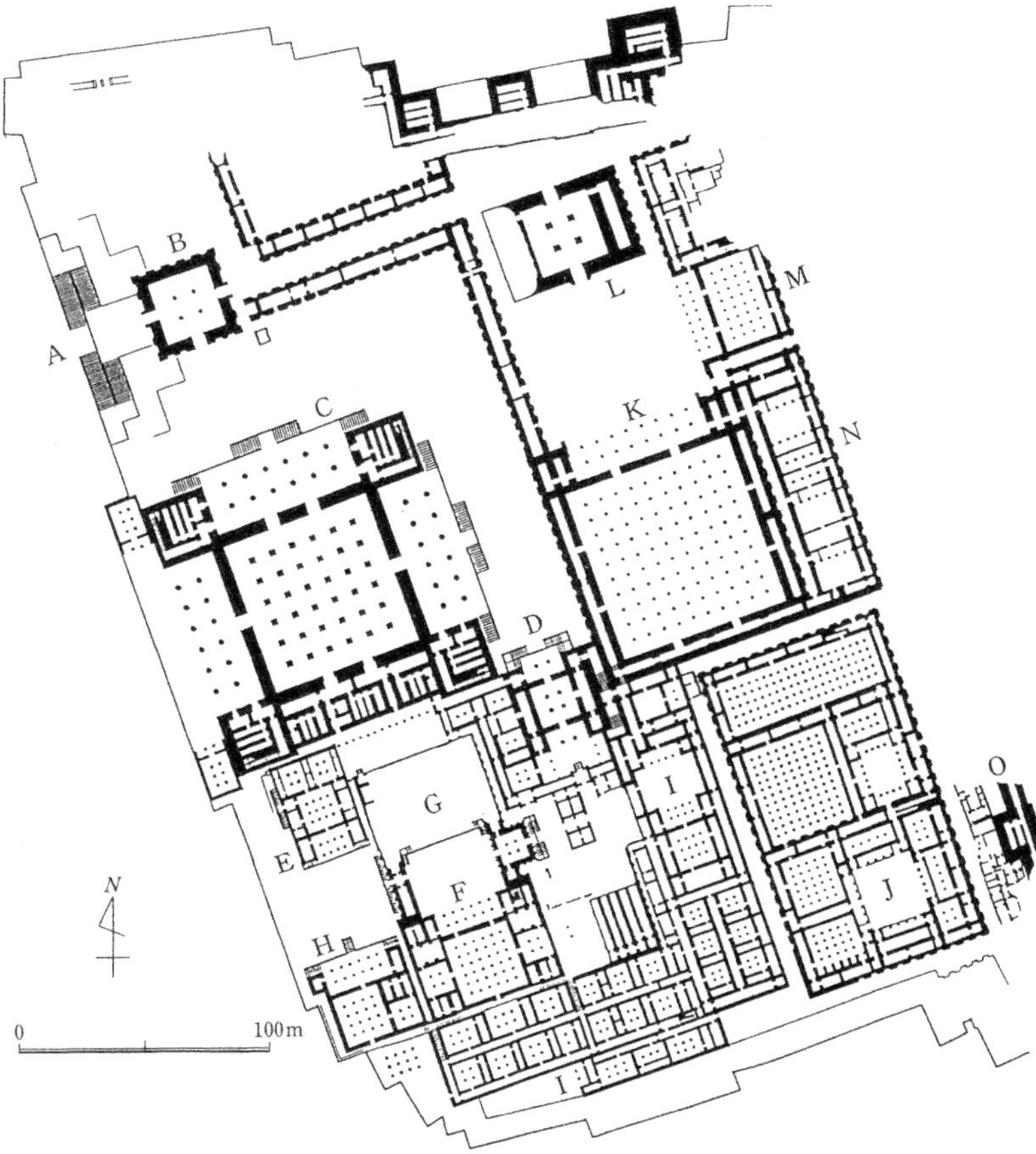

図5　ペルセポリス宮殿平面図

A＝正面階段，B＝万国の門，C＝アパダーナ，D＝会議の間，E＝ダレイオスの宮殿，F＝クセルクセスの宮殿，G＝宮殿G，H＝宮殿H，I＝クセルクセスの後宮，J＝宝蔵，K＝玉座の間，L＝未完の大門，M＝三十二柱の間，N＝兵舎，O＝守備隊詰所この大広間では大王の列席のもとに帝国の公式行事が執り行なわれたので、これを謁見殿《えっけんでん》と呼ぶこともできる。その収容人員は約一万人におよぶと推定されている。大広間の南側に並ぶ二〇近い小部屋の多くは、大王の儀式に必要な備品・調度類を保管していた。

会議の間は、このアパダーナと後に造られる玉座の間をつなぐ位置にある小さな建物である。のちに詳しく紹介する発掘者のシュミットは、その階段にペルシア人貴族・高官の浮彫りがあることから、大王の御前にペルシア人側近たちが集まる場所だと考えて、これを会議の間（評議の間とも訳せる）と名付けた。別の呼び名として中央宮、トリピュロン＝三門宮などもある。

アパダーナのすぐ南側にはダレイオス自身の宮殿が建てられ、タチャラと呼ばれた。伊藤義教氏によれば、タチャラとは中枢となる建物に対してそこから派生した副次的な建物や別殿を指す言葉である。すなわちこの宮殿はアパダーナや会議の間に対する副次的な建物として位置づけられたわけである。しばしばダレイオスの居住用の宮殿と理解されているが、彼が常時ここに住んでいたわけではない。

宝蔵はもともと基壇の南東隅にある小規模な建物であったが、彼の治世末期に北へ拡張され、当初の二倍の大きさになった（二九～三〇ページ参照）。広汎な征服活動や諸民族からの貢納などによって、おびただしい財宝がもたらされたためである。

資財と労働者の動員

建設活動には王国の各地から多数の労働者・職人が動員され、その資材も多岐にわたった。この点については、スサに建てられた宮殿にダレイオスが刻ませた碑文が貴重な史料となる。ちょっと長いが関連部分を掲げてみよう（訳文はR・G・ケント『古代ペルシア語』に収録された英訳テキストをもとにし、伊藤義教・佐藤進両氏の訳も参照した。長さの単位はメートルに換算した）。

余がスサに建造したこの宮殿、その材料は遠方からもたらされた。大地は深く、余が岩盤に達するまで掘り下げられた。開削がなされると、ある所では二〇メートル、ある所では一〇メートルの深さに砕石が詰められた。その砕石の上に宮殿は建造され、大地が掘り下げられ、砕石が詰められ、日干煉瓦が捏《こ》ねられるのは、バビロニア人がそれらを行なった。糸杉の木はレバノンという山からもたらされた。アッシリア人がそれをバビロンまで運び、バビロンからスサまではカリア人とイオニア人が運んだ。ヤカ材はガンダーラとカルマニアからもたらされた。金はサルデスとバクトリアからもたらされ、ここで加工された。瑠璃《るり》と紅玉髄《こうぎょくずい》の貴石はここで加工されたが、それはソグディアナからもたらされた。トルコ石はホラスミアからもたらされ、ここで加工された。銀と黒檀《こくたん》はエジプトからもたらされた。城壁が彩色された塗料はイオニアからもたらされた。ここで加工された象牙《ぞうげ》はエチオピア、インド、アラコシアからもたらされた。ここで加工された石柱はエラムのアビラドゥシュという村からもたらされた。石材を加工した石工たちはイオニア人とサルデス人であった。金を加工した金工たちはメディア人とエジプト人であった。木材を加工した者たちはサルデス人とエジプト人であった。焼成《しょうせい》煉瓦を製作した者たちはバビロニア人であった。城壁を彩色したのはメディア人とエジプト人であった。王ダレイオスが告げる。スサにおいて優れた仕事が命じられ、優れた仕事が完成された。主神アフラマズダーが余を護り給わんことを、そして余の父ヒュスタスペス、および余の国土をも。

ペルセポリスにおいては、これをもうひと回り大きくした形で、資材の徴発と労働者の動員がなされたことだろう。事実ペルセポリスで発掘された粘土板文書には、労働者に対する配給が記録されており、受取人として多くの外国人が現われる。ギリシア人も登場するが、彼らは本土すなわちバルカン半島のギリシア人ではなく、多くの場合、大陸すなわち小アジアのエーゲ海沿岸に住むイオニア人たちであった。

クセルクセスの建設活動

ダレイオスを継いだ息子のクセルクセス（在位、前四八六～四六五年）は、アパダーナとダレイオスの宮殿を完成させた。アパダーナの完成には結局三〇年あるいはそれ以上の年月を要した。それから彼は万国の門とクセルクセスの宮殿、後宮を建設し、さらに玉座の間を建てはじめ、基壇の北側の城塞部分にも着手した。

万国の門は高さ一六メートルを超える四本の柱で支えられた正方形の建物で、最初にくぐる西の入口には牡牛の像が、東側の柱には翼と人間の頭をもつ牡牛の像が刻まれて、それぞれに門を守っている。四本の柱すべてに三ヵ国語（古代ペルシア語、エラム語、アッカド語）で次の碑文が刻まれている。「余はクセルクセス、偉大なる王、諸王の王、多くの民を擁する諸国の王……アフラマズダーの恩寵により、この万国の門を余が建造した」。

ところで後宮を造るにあたって彼は、父王ダレイオス一世が建てた宝蔵の西側三分の一を削ることでその敷地を確保した。削られた部分に収められていた宝物を収納するため、宝蔵が北側に建て増しされることになった。したがって順序としては、まず宝蔵の東側を北に建て増しし、そこに宝蔵の西側の収蔵物を移し、それから西側を取り壊して平らにし、そのあとに後宮の東部分を建てたわけである。こうしてもとは東西方向に横長であった宝

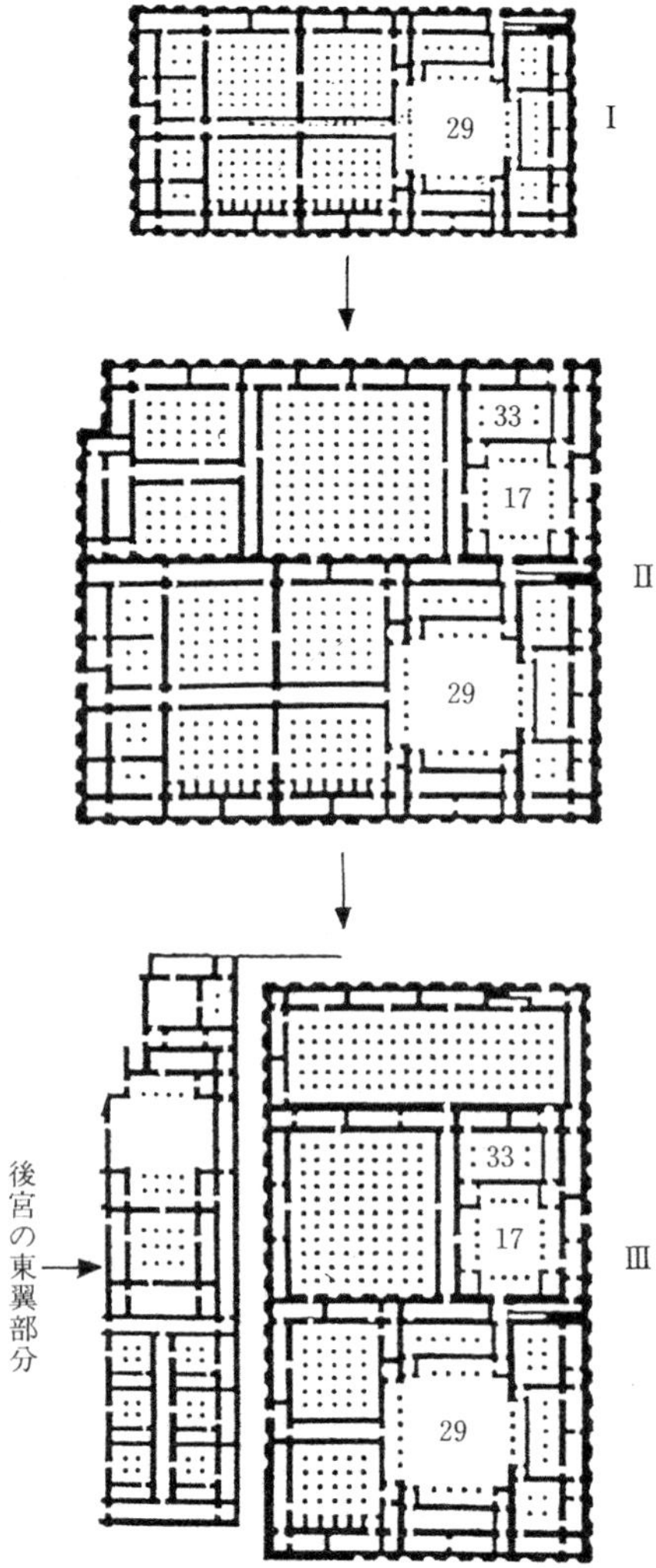

図6　宝蔵の変遷

蔵は、南北方向に縦長の建物になった。

宝蔵は約一〇〇にもおよぶ部屋や広間に区切られているが、そのうち屋根をもたない中庭は17と29の二つである。宝蔵における行政活動の中心は、最初は中庭29にあった。しかし建物が北へ拡張された時に、その機能は、美しい装飾をもつ四つの柱廊に囲まれた中庭17に移った。発掘者のシュミットは、ここにおける行政活動の様子を次のように想像して

図 7　南東から見た玉座の間
向こうの柱はアパダーナ.

いる。

新たな宝物が届くたびに、財務官とその助手たちが宝物を受け取り、中身を確認して封印した。そして書記がそれを登録してから、運搬人たちが係員あるいは衛兵に監督されながら指定された収納室へと宝物を運んだ。中庭の隣りの部屋33には、エラム語の楔《くさびがた》形文字で書かれた粘土板文書が保管されていたが、それらは職人や労働者、役人たちへの給与の支払いに関する多数の請求書や覚え書きであった。銀の支払いに関するかぎり、そうした請求書はこの中庭で処理され、銀が支払われ、書記がそれを記録した。多くの財宝はいったん収納されるとそのままその部屋に留め置かれたが、これ以外の物品、たとえば王家の家庭用品や宗教的用途に充てられる品々、武器などは、この区域を頻繁に通過していったことであろう。

宝蔵のすぐ北に玉座の間（図5、K）という大規模な建物がある。柱が一〇〇本あることから、百柱の間とも呼ばれてきた。大広間は一辺が六八・五メートルの正方形で、その面積はアパダーナの広間よりも大きい。柱の高さは約一三メートルで、こちらはアパダーナの柱の三分の二ほどである。その目的と建設の事情についてシュミットは次のように論じている。

王家の宝物が増えるにつれて既存の宝物庫では手狭になった。しかし宝蔵のすぐ北の敷地は、基壇そのものが二メートルあまり高くなっており、その間は道一本分の幅しかないため、北側へ建て増しすることができない。そこでクセルクセスはこの高い基壇の上にまったく新しい独立の建物を作ることにした。これが玉座の間である。ただし宝蔵とちがってこの建物は、宝物をたんに収蔵するのでなく、展示して公開することを目的としていた。そこには王家の財宝のなかから最も貴重なものが展示され、またそれ以後もペルセポリスに流れこむであろう貢納品や戦利品を十分に収納することが期待された。帝国の公式行事が行なわれるアパダーナが王の政治権力を象徴したのに対し、玉座の間は王家の輝かしい富を誇示する宮殿博物館だったのである。

ペルセポリスの目的

これらの壮大な宮殿群はいったい何のために造られたのか。じつはその目的、用途については必ずしも明らかではない。一般の概説書にかかれている通説は、新年の祝いをするために建てられたというものである。イランの新年は三月二一日の春分の日にあたり、ペルセポリスはこの日に始まる正月＝ノウルーズを祝う春の宮殿だったという。このノウルーズ説は、一九五七年に二人の学者がそれぞれ独立に発表した論文においてはじめてまとまったかたちで主張された。その一人A・U・ポープは、季節の移り変わりに関連する中東古来の儀式と慣行にもとづいて、ペルセポリスの建物の柱や浮彫り、装飾などはすべて聖なる性格をおびていたと解釈し、ペルセポリスは何よりもノウルーズのために造られた「儀礼都市」であると結論した。もう一人のR・ギルシュマンは、各宮殿の階段に見られる浮彫りのなかにノウルーズの実際の儀式を読み取ることができるとして、その様子を復元してみせた。彼によれば、大王やペルシア人・メディア人の高官・貴族、貢ぎ物を捧げる諸国の代表たちは、万国の門から入場し、アパダーナで王の謁見がなされてから行列は会議の間へと進み、ダレイオスまたはクセルクセスの宮殿で王の饗宴が開かれる。最後に玉座の間の柱廊に諸国の使節たちが貢ぎ物を置き、その後それらは宝蔵に収められたという。

しかしこのノウルーズ説に対しては、一九七〇年代にC・ナイランダーとM・C・ルートが、八〇年代にはP・カルマイヤーがあいついで批判を行なった。彼らの主張は次のように整理できる。(1)そもそも古代ペルシアにおけるノウルーズについては、同時代の史料はまったく存在しない。(2)ノウルーズが春分点に固定されたのは西暦一〇七四／七五年(西暦一〇七四年の春分から七五年の春分までがイラン暦の一年にあたるので、これを一〇七四／七五年と表記する)、セルジュク朝のマレクシャーの治世のことであり、後世の暦をそのまま古代にさかのぼらせるべきでない。(3)古代ペルシア時代の正月の日付は一定ではなく、新年が秋分の日や夏至にあたったこともある。(4)ローマ時代の作家アテナイオスには、大王がペルセポリスで過ごしたのは秋であるとの記述がある。(5)レリーフにおいて、大王に貢ぎ物を運ぶ諸民族の代表のなかにペルシア人が含まれていないのは、ノウルーズの儀式に合致しない。(6)そもそもペルセポリスの浮彫りが実際の儀式を描写したものと解釈することはできない。(7)建物や装飾に見られる主題はどれも宗教的ではなく世俗的なものであり、王の威厳の表現である。またそうした主題は古代メソポタミアに見られる「権力の表象」の流れに連なるものである。以上の論争を総括したH・サンシーシ゠ヴェールデンブルフも、ノウルーズの慣行が一〇〇〇年以上も不変であったかのように見なして、それを過去に遡及させることは危険であると注意をうながしている。

こうして現在の研究段階では、ペルセポリスが新年の祝いのために建設されたという説はもはや成り立たなくなっている。しかしノウルーズ説を否定するにしても、ペルセポリスでなんらかの儀式が行なわれたことまでも否定する必要はない。アパダーナの大広間も宝蔵に収められた貢ぎ物も、大王がペルセポリスでさまざまな儀式を開催したことを証拠だてているからである。

他方でL・トゥリュンペルマンは一九八三年に、ペルセポリスには大王が常時住んでおり、その宮殿は帝国行政を目的として建てられたという新説を発表した。この説はほとんどの学者から支持されていない。しかし出土した粘土板文書からみて、ペルセポリスが帝国全体ではなくともパールサ地方の中心であり、行政活動とりわけ王室経済にかかわる諸活動がそこで展開されていたことは疑いない。その具体的な様子については、本書の主題にかかわる範囲で次章において触れることにしよう。

アルタクセルクセス一世とその後

さて宮殿建設の経緯に話をもどすと、クセルクセスが着手した玉座の間を完成させたのが次のアルタクセルクセス一世（在位、前四六五～四二四年）である。彼はまた会議の間の北側の階段を造り、基壇の西南隅にはアルタクセルクセスの宮殿を、その傍には宮殿Gを建設した。

次のクセルクセス二世は即位してわずか一ヵ月半後に暗殺された。これ以降に造られた主な建築としては、玉座の間の北側にある三二柱の広間や未完成に終わった門があるが、いずれも建設の年代は不明である。

次のダレイオス二世（在位、前四二三～四〇四年）は、ペルセポリスの基壇上では建設活動の痕跡を何も残していない。

アケメネス朝において最も長く王位にあったアルタクセルクセス二世（在位、前四〇四

〜三五九年）は、基壇に面したクーヘ・ラフマト山の中腹に自分の墓を造営した。他方で、スサで刻まれた彼の碑文によると、ダレイオス一世がスサに建設したアパダーナはアルタクセルクセス一世の治世に焼け落ちてしまい、これを自分が再建したという。しかしその遺構について最近なされた研究によると、スサのアパダーナが火災によってひどい損傷を受けたはずはなく、アルタクセルクセス二世が行なったのはその修理にすぎなかったらしい。

ペルセポリスでの建築活動は長らく停滞していたが、宮殿群の維持管理は休みなく続けられた。建物のほとんどが日干煉瓦という脆《もろ》い材料で作られており、それは冬の雨や雪の影響をうけて崩れたり、屋根に水漏れを起こしたりするのである。また基壇の地下に作られた排水路も泥で詰まりやすかった。このため基壇と建物の全体を絶えず補修する必要があり、毎年数百人の職人がそのために雇われた。

アルタクセルクセス三世（在位、前三五九〜三三八年）の時代になって、建築活動は久しぶりに息を吹き返したようだ。彼はダレイオスの宮殿に西側の階段を付け加え、宮殿Gの敷地に彼自身の宮殿をも建てたらしい。

その後ペルシアの宮廷では血なまぐさい陰謀が渦巻き、アルタクセルクセス三世はバゴアスという宦官《かんがん》の手で暗殺され、後を継いだアルセスも同じバゴアスによって殺された。こうして直系が途絶えたため、傍系の王族からダレイオス三世が即位した（在位、前三三六〜三三〇年）。彼はバゴアスを排除して王位を守ったが、ペルセポリスで新たな建築に着手する余裕はなかったであろう。西方からマケドニア軍がペルシア帝国への侵攻を開始したからである。

ギリシア人とペルセポリス

アレクサンドロスの侵攻に移る前に、ギリシア人とペルセポリスとの関係について触れておきたい。これまでの通説によれば、アレクサンドロスの遠征以前には、ペルセポリスの存在自体がギリシア人には知られていなかった。その根拠は、現存する記述史料にはペルセポリスに言及した箇所がないこと、とりわけ前五世紀末にペルシア宮廷で侍医をつとめたクテシアスの作品の断片にさえ、その名前が見られないということである。さらにペルシア大王は、ペルセポリス王宮を意図的にギリシア人の目から隠していたと言われることさえあった。しかし最近になってこの通説は根本的な修正を迫られている。

第一に、ギリシア人作家たちはペルセポリスをペルシスと表記していたことが、すでに証明されている。したがってクテシアスの断片などに見えるペルシスという語句は、まさしくペルセポリスを指しているのである。

第二に、ギリシア人でペルシア帝国を訪れた者は、政治家や外交使節から傭兵《ようへい》、商人、さまざまな種類の職人まで、きわめて多数におよぶ。たとえば外交使節の目的地はスサの宮廷であるが、ペルセポリスで出土した粘土板文書から明らかなように、スサとペルセポリスの間の交通・連絡はきわめて密なものがあった。それゆえペルセポリスを直接訪問する機会がなかったとしても、彼らがこの都についての情報を得ていたのはごく自然なことである。

第三に、ペルセポリスで浮彫りの制作にかかわったギリシア人の職人で、のちに本土で活動した者がいたことが推測されている。この点では美術史家のルートの研究が示唆的だ。すなわち、アパダーナの階段の浮彫りとアテナイのパルテノン神殿のフリーズの彫刻を比較すると、その様式と構成がきわめて似通っていることがわかる。これはペルシア戦争の勝利後に帝国支配を志向するアテナイ人が、ペルセポリスの浮彫りのモチーフを積極的に採用した結果である。パルテノン神殿の建設にはギリシア中から職人が集められたが、そのなかにペルセポリスで働いたことのあるイオニア地方の職人も含まれていた、というのである。

ごく最近の研究でM・C・ミラーも、前五世紀のアテナイ人の間には、食器や服装から公共建築にいたるまで、ペルシア風を積極的に取り入れる傾向があったことを広汎な史料を用いて明らかにした。このようにペルシア戦争以後のギリシア人とペルシア人のあいだには、社会的にも文化的にもきわめて豊かな交流が存在した。そのギリシアで当時随一の繁栄を謳歌していたアテナイ人の知識と情報のなかに、ペルセポリスが含まれていなかったとすれば、それこそ不自然なことであろう。

アレクサンドロスが東方遠征を開始した前四世紀末には、ギリシア人もそしてマケドニア人も、ペルセポリスに関して少なからぬ情報を手にしていたのである。

アレクサンドロスの到来

マケドニア軍の侵攻

紀元前三三六年、ダレイオス三世がペルシアの王位についたのと奇しくも同じ年に、マケドニア王国でアレクサンドロス三世、いわゆる大王が即位した。

マケドニア王国の勃興

マケドニア人はもともと、バルカン半島を南北に貫くピンドス山脈において移動放牧にたずさわっていた人々で、オリュンポス山麓のピエリア地方へしだいに定住し、前七世紀中ごろに王国を建設した。それから彼らは北へ勢力を拡張し、テルメ湾に面した平野部を中心として発展した。ペルシア戦争の際にはペルシア王に臣従したが、ペルシア戦争でギリシア人が勝利すると、ギリシア人の勢力圏に参入することに王国の未来を見いだした。

もっとも当時の王国は先進ギリシア人から見れば辺境の一国家にすぎず、マケドニア人もバルバロイ＝夷狄《いてき》と見なされていた。

マケドニア王国が北方の強国として台頭したのは、前三五九年に即位したフィリッポス二世の時代である。彼は軍制改革による軍事力の強化と巧みな外交政策とによって周辺諸民族とギリシア諸ポリスをつぎつぎに降し、わずか二〇年でマケドニア王国をバルカン半島北部からギリシア本土までを支配する大国に育て上げた。それから彼は東方のペルシア帝国へ矛先を向け、前三三六年春にはペルシア遠征の先発部隊を小アジアへ派遣した。もちろんフィリッポス自身、まもなく本隊を率いてペルシア領内へ侵攻する予定であった。ところがこの年の夏に彼は暗殺され、息子のアレクサンドロスが弱冠二〇歳で即位したのである。アレクサンドロスはそれから二年間にわたって王国内外で反対勢力を排除し、反乱した諸民族を服属させた。そしてギリシア人を支配するために父王が作り上げた組織であるコリントス同盟において、ペルシアに対する戦争の全権将軍に任命された。こうして前三三四年春、アレクサンドロスは東方遠征に出発したのである。

東方遠征の大義名分

遠征の大義名分は、かつてペルシア人がギリシア本土に侵入し、神々への冒瀆《ぼうとく》行為を働いたことに対する復讐を行なうというものであった。前四八〇年、ペルシア王クセルクセスは自ら大軍を率いてギリシアに侵攻し、アテナイの中心にそびえるアクロポリスを占領した。この時ペルシア兵たちは、ここに籠《ろう》城《じょう》して神殿に救いを求めた人々を皆殺しにし、神殿を略奪してからアクロポリスに火を放ったのである。それから一五〇年近くたった今、かつての神聖冒瀆への復讐を果たすべくペルシアに軍を進めるというのである。

この大義名分は、マケドニア人の遠征にギリシア人を動員するための方便であった。遠征当初の総兵力は四万七〇〇〇であったが、そのうち歩兵はマケドニア人一万二〇〇〇に対してギリシア同盟軍が七〇〇〇、騎兵はマケドニア人一八〇〇に対してギリシア同盟軍は二四〇〇で、このほか傭兵として参加したギリシア人歩兵が五〇〇〇いた。ギリシア兵の合計は一万四四〇〇に達する。これにマケドニア王国周辺のバルカン諸民族からの兵士を加えて遠征軍が作られていたわけだが、ともかくギリシア人は総兵力の三割以上を占めていた。それゆえ彼らを有効な戦力として用いるためには、ギリシア人の意識に適合した戦争目的が必要となる。それがペルシア人への復讐という旗印だったわけである。もっと

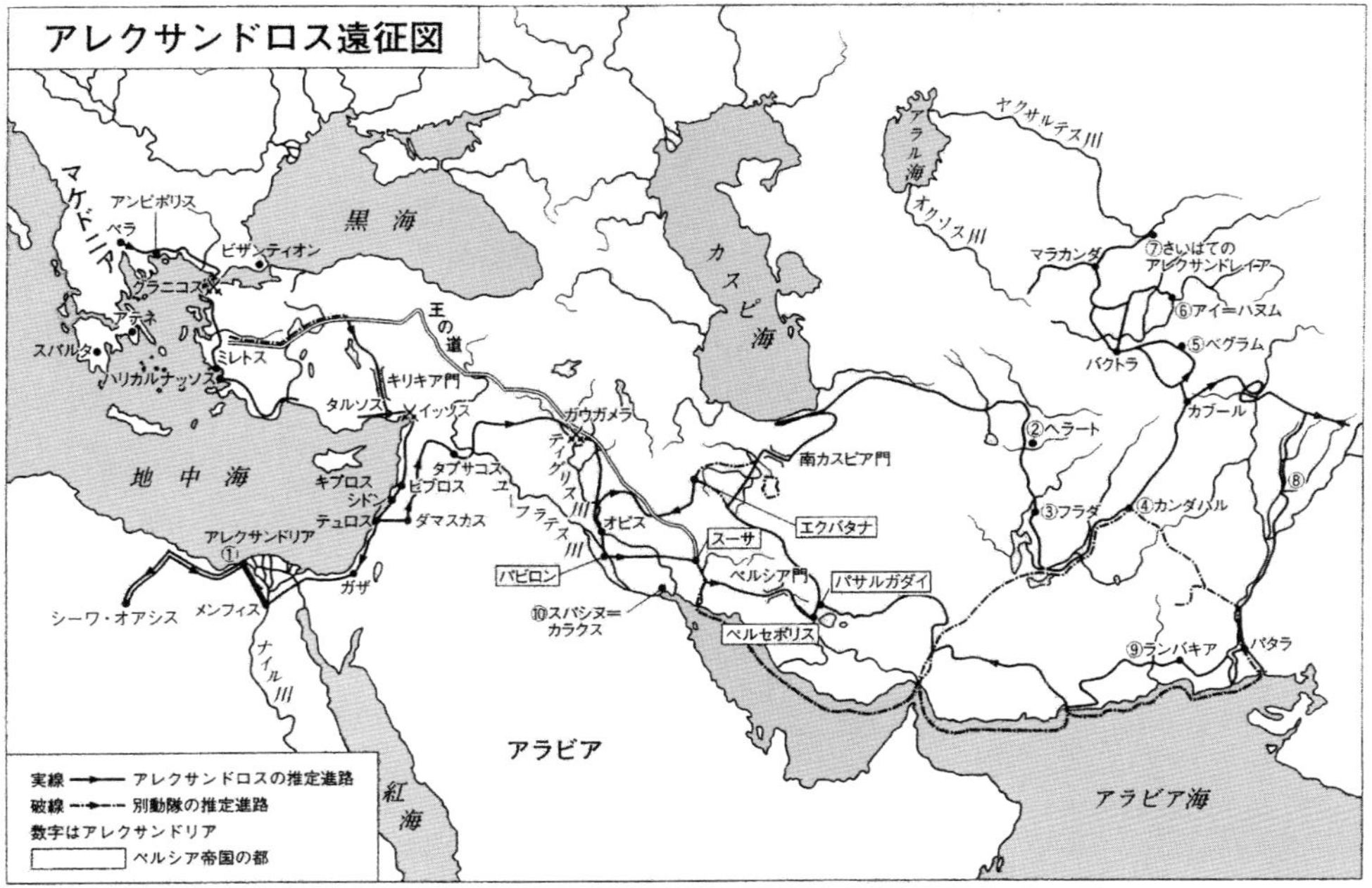

図8　アレクサンドロス大王の遠征図

も当のギリシア人が、一五〇年も昔にさかのぼる大義名分を、どこまでまじめに受け取ったかは別問題だ。従軍するギリシア人は実質的にマケドニアの人質にも等しかったのであり、復讐という名分は、そうした実態をおおい隠すのに格好のスローガンであったろう。それはまた、マケドニア人のむき出しの征服欲をもっともらしく包み込んでもくれたのである。

ペルシア帝国の瓦解

アレクサンドロスの遠征軍は、小アジアに上陸してすぐに、ペルシア貴族の率いる部隊とグラニコス河畔で対戦してこれを破り、それから翌年にかけて小アジアを征服した。そして前三三三年一一月、シリア北部のイッソスにおいてはじめてダレイオス自身が率いる軍隊と出会い、これを撃破した。ダレイオスはアレクサンドロスの追撃をふり切って首都バビロンに逃れ、ここで軍隊の再建に取りかかる。一方アレクサンドロスは翌年いっぱいをかけてシリア沿岸のフェニキア人諸都市を服属させ、その年の末にエジプトへ侵攻してこれを無血で平定した。前三三一年四月、アレクサンドロスはエジプトを発ち、ダレイオスとの再度の決戦を求めてメソポタミア地方を東へ進み、ティグリス川を越えた。ダレイオスはペルシア帝国の全土から大軍を結集し、ガウガメラの平原地帯でマケドニア軍を待ち構えていた。

前三三一年一〇月一日、ガウガメラの会戦が行なわれ、またもアレクサンドロスが勝利して名実ともにアジアの王となった。ダレイオスは東の首都エクバタナへ逃走し、ここにアケメネス朝ペルシア帝国は事実上崩壊した。アレクサンドロスの前にはいよいよ帝国の心臓部への道が開かれた。マケドニア軍はガウガメラから南下し、バビロンの町が近付くとアレクサンドロスは全軍に戦闘隊形を組ませて行進した。しかしバビロニア人たちは神官や役人ともども総出で彼を出迎えたばかりか、都市も財貨もすべて引き渡した。こうして一〇月二一日アレクサンドロスは無血入城を果たし、ここに三四日間滞在した。アレクサンドロスは新しい総督や財務官を任命したが、都市の自治を尊重し、また祭祀についても主神ベロスの神官たちが指示するとおりにこれを実行した。一一月二五日にバビロンを出発し、二〇日間の行進の後、一二月一五日にスサに到着した。スサへはすでにガウガメラの会戦直後に部下の一人を送り出しており、アレクサンドロスが到着する前にスサの住民は都市をマケドニア軍に委ね、財貨も安全に保管されていた。しばらくここに滞在して供犠を行ない、松明《たいまつ》競技や体育競技を開催した。アレクサンドロスがはじめてペルシア大王の玉座に座ったのはこのスサにおいてのことである。

すでに冬であった。二〇〇〇メートルをこえるザグロス山脈の踏破は容易ではない。しかしアレクサンドロスは道を急ぎ、いよいよペルセポリスへ向かう。その途中にはいくつもの障害が待ち受けていた。まず彼の前に立ちはだかったのはウクシオイ人である。彼らはザグロス山脈西側の平野部に住む農民と、山岳地帯の牧畜民の二つに分かれており、それぞれ平野のウクシオイ人、山地のウクシオイ人と呼ばれた。まず平野のウクシオイ人が、スシアナ地方の総督メダテスの指揮下に砦《とりで》にこもってマケドニア軍の前進を阻んだ。アレクサンドロスは攻城兵器を繰り出し、多くの負傷者を出した末にやっと彼らを制圧した。ついでアレクサンドロスと対峙した山地のウクシオイ人は、もともとペルシアに服属せず独立を維持しており、大王がこの地を通ってペルセポリスへ行く時には通行税すら取り立てていた。彼らは山間の隘路《あいろ》を封鎖したうえ、アレクサンドロスに対しても同じ額の通行税を支払うよう要求した。アレクサンドロスは地元の住民に案内させて、公道とは別の険しい道を一日で通り抜け、ウクシオイ人の集落を奇襲した。さらに迅速な進撃で隘路を制圧し、山地帯に逃げ込んだウクシオイ人を挟み撃ちにして撃破した。こうして彼らは降伏し、以後アレクサンドロスに毎年一〇〇頭の馬、五〇〇頭の役畜、三万頭の羊という重い租税を支払うことを命じられた。

ザグロス山脈の踏破

その後アレクサンドロスはファーリウムにおいて部隊を二つにわけた。スサからペルセポリスまで、ペルシア門と呼ばれる狭い間道を経由する王の道をたどれば二七日の行程である。もっとも当時の公道は現在のシーラーズを経由する南回りの道に移っていた。平野を通るこの車道の方が平坦で行軍も容易だったのである。アレクサンドロスは、輸送部隊や同盟軍、外国人傭兵などを部将のパルメニオンに託して南回りの道を行かせ、彼自身はマケドニア軍の主要部隊を率いて山岳地帯の道を全速力で進んだ。しかしペルシス地方の総督アリオバルザネスが歩兵二万五〇〇〇、騎兵三〇〇（別の伝承では歩兵四万、騎兵七〇〇）という大軍をもってペルシア門をふさぎ、深い谷に防壁を築いてマケドニア人を一歩たりとも入れまいと待ちかまえていた。アレクサンドロスははじめ正面からこの防壁を攻略しようとしたが、これはあまりに無謀であった。険しい地形のために攻撃は困難をきわめ、高みから弓や投石弾を浴びせられて多くの負傷者を出し、結局後退せざるをえなかった。そこで地元の住民に別の隘路を案内させることにし、軍の一部を陣地に残してから細く険しい山道を夜の間に踏破した。こうして夜明け前にペルシア軍の前哨部隊に襲いかかってこれを撃滅し、それからペルシア軍本隊への攻撃にかかった。これに呼応して、陣地に残っていたマケドニア軍も正面から防壁を攻撃し、挟み撃ちにあったペルシア兵の多く

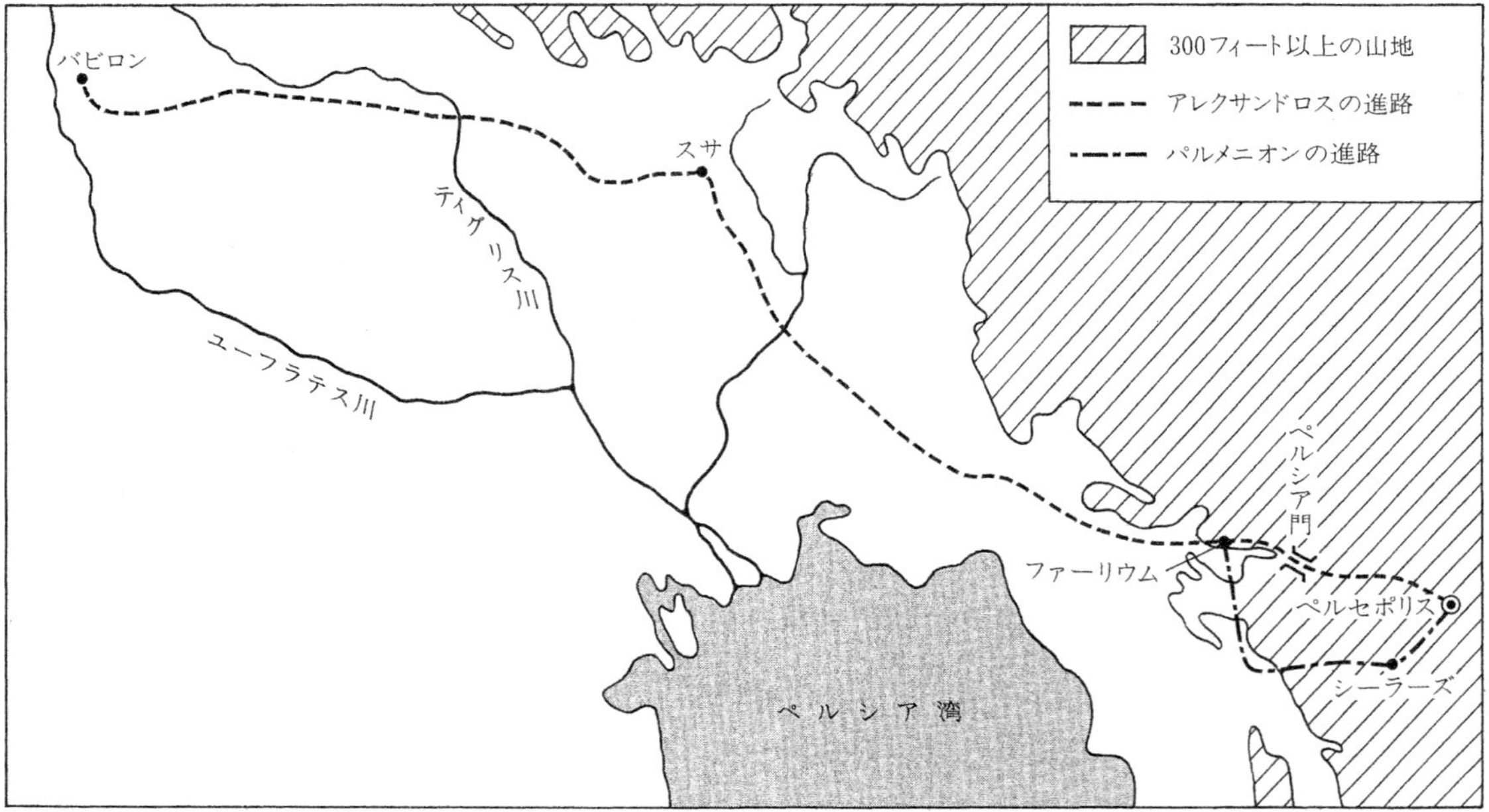

図9　ペルセポリスへの進路

が殺された。アリオバルザネスは山中に逃げ、こうしてマケドニア軍はペルシア門の制圧に成功した。

ついにペルセポリスへ

敗れたアリオバルザネスは四〇騎の騎兵と五〇〇〇の歩兵を従えてペルセポリスへと急いだ。アレクサンドロスが着く前に王宮の財宝を手に入れようとしたのである。ところがペルセポリスの守備隊が彼の留守中に離反しており、彼は市内に入るのを阻止されてしまった。後方からはアレクサンドロスが全速力で追ってくる。アリオバルザネスは反転し、再びマケドニア軍と一戦を交えて戦死した。生き残ったペルシア兵たちは逃走するか捕虜となった。アレクサンドロスは戦闘のあった場所にまず陣地を築いた。敵の不意打ちがあるかもしれず、雨にぬかるんだ地面が深い溝となって至るところで通行を妨げていたので、ゆっくりと警戒しながら進む必要があったのだ。そこへペルセポリスの財務官ティリダテスからの手紙が届いた。それは宮殿の財宝が都市の住民によって掠奪される恐れがあると報せたうえで、主人のいない財宝を自らの手に納めるようにと促し、今や王の行く手をさえぎるものは何もないと付け加えていた。そこでアレクサンドロスは騎兵だけを率いて全速力で進み、ポルヴァール川を渡ってついにペルセポリスに到着した。前三三〇年一月中旬のことである。

ギリシア人集団との出会い

現存する大王の伝記は、王宮の前で意外な人々がアレクサンドロスを出迎えたという逸話を伝えている。ギリシア人、それも体に障害を負わされたギリシア人の集団である。前一世紀の歴史家ディオドロスはその場面を次のように描いている。

王宮へ向かう途中で、ある思いがけない恐ろしい光景が見られた。……以前ペルシア王たちによって故国を追われたギリシア人たちが、嘆願者の印であるオリーブの枝を手にして彼に会いに来たのだ。その数およそ八〇〇人。大半は年老いて、全員が体に障害を負わされ、ある者は手あるいは足を、ある者は耳と鼻を失っていた。知識や技術をもつ者や高い教育を受けた者たちは、四肢の他の部分も切られてしまい、その職業に必要な部分だけが残されていた。……彼らは皆声を一つにして叫び、自分たちの不幸な身の上を救ってほしいとアレクサンドロスに乞い願った。（第一七巻六九章二～五節）

アレクサンドロスはもちろん彼らを無事に故郷へ帰らせることを約束した。しかしギリシア人たちはその場に留まることを選んだ。ギリシアへ帰れば互いに別れ別れになってしまい、しかも好奇の目にさらされる。それよりも同じ不幸を背負った者同士がここでともに暮らす方が慰めになる、という理由からだった。そこでアレクサンドロスは各人にお金と衣服、家畜や小麦などを贈ったうえ、彼らが今後一切の税金を免除され、また誰からも不正を受けることのないよう配慮することを行政担当者に命じた。

大半の学者はこの伝承を創作と見なしている。実際この場面には、ギリシア人をペルシア人の暴虐の哀れな犠牲者として描き、ペルシア人への憎しみを煽りたてようという意図が見え透いている。しかしこれを荒唐無稽な話として切り捨てるわけにもいかないのである。というのは、ペルシア大王がいくつかのギリシア人集団を、強制的にペルシア帝国内に移住させたという事実があるからだ。詳しい内容は後に述べるが、かつて集団で移住させられたギリシア人の子孫が、ペルセポリスへ向かう途中でアレクサンドロスを出迎えた可能性は十分にある。そうした事実が核となって、身障者にされたギリシア人の伝承が後に創られたのであろう。ともかくアレクサンドロスが実際にこの種の人々に出会ったとすれば、その時期はペルセポリスへ着く少し前、前三三一年末ごろのことであったはずだ。

都市部の占領と略奪

略奪の実相

ついにペルセポリスを占領したアレクサンドロスの最初の行為は、王宮の周囲に広がる都市部においてマケドニア人将兵に略奪を許可することだった。彼が基壇上の宮殿に入るのと、略奪を許すのと、どちらが先だったのかはわからない。しかしとにかく紀元前三三〇年一月中旬にペルセポリスを占領した直後に、マケドニア軍は都市部において大規模な略奪行為を働いた。たとえばディオドロスの記述は次のようである。

アレクサンドロスはペルシア帝国の首都であるペルセポリスを、アジアのなかで最も憎むべき都市としてマケドニア人に指し示し、宮殿をのぞいてそれを兵士たちに略奪の餌食として与えた。ペルセポリスは太陽の下で最も裕福な都市で、個人の邸宅は長年にわたってあらゆる種類の財宝で満たされていた。マケドニア人はそこへ押し入って人々を皆殺しにし、財宝を奪い取ったが、その財宝の多くは一般住民のもので、あらゆる種類の家具調度品と装飾品で一杯だった。そこから大量の銀が持ち去られ、少なからぬ金も略奪された。また非常に高価な衣裳もたくさんあり、そのうちのあるものは紫で染色され、あるものは金の縫い取りで入念な装飾が施されていたが、それらも征服者のご褒美になってしまった。全世界にその名をうたわれた壮麗な宮殿は、凌《りょう》辱《じょく》とまったき破壊の犠牲に供されたのである。……女たちは装飾品を身につけたまま力ずくで引き立て、捕虜にして奴隷にしてしまった。（第一七巻七〇章一～三、六節）

略奪は丸一日におよんだが、マケドニア人兵士の貪欲はとどまるところを知らず、互いの略奪物を手に入れようとして味方同士で争い傷つけあって、ついには相手を殺してしまうほどだったという。

ローマ帝政時代の作家クルティウスもこれと同じような記述をしているが、場面はさらに凄惨《せいさん》さを増していく。

勝利者たち自身の間で武器をとっての争いが行なわれ、より高価な戦利品を手に入れた者は敵と見なされた。……彼らは王の衣裳を引き裂き、各々がその一部を自分のものにして持ち去った。高価な工芸品の壺をつるはしで叩き割った。傷つけられない物は何一つなく、無傷で運び出される物も何一つなかった。彫像の四肢はばらばらにされ、各人がその破片を持ち去った。貪欲だけでなく残虐さもまた、この囚われの都市で暴威をふるった。金と銀を背中に負った者たちが、捕虜の体は価値がないとしてこれを屠殺し、住民たちは至る所で出会い頭に斬り殺されたが、以前なら彼らは身の代金で慈悲を乞うことができたのだ。このため敵の手にかかるより先に自ら命を断とうとして、多くの者たちが一番高価な衣服を身につけて妻子とともに城壁からまっさかさまに身を投げた。別の者たちは、どうせ敵に焼かれるならと思って家に火をつけ、家族とともに生きながら焼かれた。ついに大王は将兵たちに、女の体と衣服から手を放すよう命じた。（第五巻六章四〜八節）

二つの作品の史料的価値については次章で述べるが、兵士たちの強欲と残虐、略奪の凄惨さを強調するあまり、どちらの記述も相当な誇張と創作を含んでいることは確かである。一般住民が自ら命を断ったとか、大王が兵士たちに女性を放すよう命じたというのは事実に反すると思われる。しかし占領直後の都市部において、一般住民を巻き込んだ大規模な略奪暴行が行なわれたことは事実として受け入れてよい。

周辺地域の復元

ではマケドニア軍が略奪したペルセポリスの周辺地域は当時どのような状況にあったのだろうか。考古学者W・M・サムナーの研究成果を用いてまとめてみよう。

王宮のすぐ西にマテチスという町があった。ここはすでに前六世紀後半のカンビュセス王の時代から栄え、メソポタミア諸都市との間を往来するバビロニア人も訪れる国際色豊かな都市であった。即位直後のダレイオスに反乱を起こしたワフヤズダータが拠点としたのも、そしてダレイオスがこの男を処刑したのもこの場所においてのことである。ペルセポリスの建設が始まると、マテチスには多数の外国人労働者たちが滞在するようになり、建設ブームに湧き活気にあふれる町となる。前五世紀に王宮の建設が一段落した後も、マテチスはパールサ地方においてペルセポリスにつぐ重要な都市であり続けた。ここからは二つの灌漑用水路が発掘され、遺跡全体の面積は少なくとも二五㌶におよぶ。

王宮の西方約四㌔にフィルジという村がある。この村の周辺、とりわけマテチスとの間の地域には、エリート層の豪華な邸宅や庭園があり、そのなかには正門にあたる独立の建物を備えた庭園もあった。他方で生産活動のための工房とそれに関連した職人たちの居住地の跡も見つかっている。マテチスとフィルジ地区とは考古学的には別個の遺跡であるが、サムナーは、アケメネス朝時代には二つの都市は行政上一体であったと推測している。

ペルセポリスの北西、コル川のほとりにはラッカンという町があった。これはペルセポリスとスサを結ぶ道路に近く、公用馬の飼育と管理の一大拠点であった。ラッカンの周辺には豊かな放牧場があり、ここに配属されたムドゥンラと呼ばれる役人たちが馬群の調達と保管、飼育と調教に責任を負い、さらに彼らが統率する労働者集団への食料支給などの任務を果たしていた。これらの馬は、王宮とその周辺地域における交通・通信の頻繁な需要に応じて提供されるのであった。

コル川とポルヴァール川にはさまれた三角地帯には、中流以上の役人の邸宅と庭園が点在していた。それは心地よい田園の住まいであり、召使たちが建物の維持や庭園の手入れに携わり、また所領の借地人として小規模な耕作を営んでいた。フィルジ地区の場合もそうだが、庭園はアケメネス朝時代のペルシア人エリートには欠かすことのできない文化であった。前四世紀アテナイの作家クセノフォンは、『家政論』においてこんな話を紹介している。前四〇六年小アジアのサルデスにおいて、スパルタの将軍リュサンドロスがペルシア王の弟キュロスの邸宅を訪れた。この時リュサンドロスはキュロスの庭園に案内され、その見事さ、とりわけ樹木の美しさに感嘆した。木々は列をなして真直ぐ等間隔に植えられ、小道を散策すると、えも言われぬ芳香がただよってきた。しかもキュロス自身が木々の間隔を測り、それらを配列し、何本かは自らの手で植えたということを聞いて、リュサンドロスは称賛の言葉を惜しまなかったのである。実際当時のコル川とポルヴァール川の中間地帯には、王の命令で造られたに違いない全長五〇㌔の運河が流れており、その水が潤していたのは明らかにこの地域に位置する役人たちの所領と庭園であった。

こうしてペルセポリス王宮の周辺には、行政的に重要なマテチス、王族やエリート層の邸宅と一般労働者の住居や作業場が入り混じるフィルジ地区、馬群管理の拠点ラッカン、それに中級役人の邸宅と庭園からなる三角地帯が存在していた。当時の人口についてサムナーは、近代イランの村落の人口密度（一㌶につき一〇〇人）を適用して、ペルセポリスの平野全体で四万三六〇〇人と推測している。このうちマテチスは二五〇〇人、フィルジは二万四〇〇〇人である。フィルジの人口密度だけは、サムナーは一㌶につき四〇人という低い数字を与えているが、これはこの地域六〇〇㌶の相当部分が邸宅、庭園、作業場にあてられていたことを考慮したものである。

考古学的知見にもとづく以上のような復元が正しいとするならば、マケドニア軍が略奪の対象としたのはマテチス、フィルジ、三角地帯の三つの地区であったと考えられる。王族を含む富裕なペルシア人がそれぞれの邸宅で所有していた財宝や家具調度類は、彼らの絶好の餌食《えじき》になったであろう。

略奪の動機

大王はなぜこうした略奪を命じたのか。一般に外国軍隊が敵の都市を占領した際には、兵士たちによる略奪は勝利者の権利、征服の報償として認められ、それは白昼公然と行なわれた。それは軍の士気高揚の手段でもあった。これに対してアレクサンドロスは、バビロンとスサというペルシアの首都を平和裡に占領し、政治的配慮からその略奪を許さなかった。マケドニア人将兵にはこれを不満とする者も少なくなかったであろう。ようやくペルセポリスを占領した時になってアレクサンドロスは、今こそ征服の褒美として兵士たちの欲望を一気に解放したのである。

同時にこの略奪には、この先さらに遠征を続けることを兵士たちに納得させるという意図も含まれていた。その根拠は、バビロンを出発する時にアレクサンドロスが兵士たちに多額の金子を支払っているという事実である。ディオドロスによれば、マケドニア人騎兵には一人あたり六ムナ、同盟軍の騎兵には五ムナ、マケドニア人重装歩兵には二ムナを褒美として与え、さらに傭兵には二ヵ月分の給料を支払った（当時のアテナイで職人の日給が二ドラクマ、一《ムナ》は一《ドラクマ》の一〇〇倍）。これらの資金はバビロンで獲得した豊かな財宝によってまかなわれた。なぜこのような大盤振舞いをする必要があったのか。おそらく兵士たちは一ヵ月におよぶバビロンでの歓楽と安息の生活に耽《ふけ》ったため、そこからさらに東への遠征には乗り気でなかったのではないか。つまりアレクサンドロスは、歓楽の都を捨てて遠征を再開することを兵士たちに説得するのに困難を覚え、彼らの意欲を引き出すために破格の褒美を与えねばならなかったのである。こうした軍隊の士気の低下を前提にすると、ペルセポリス市域での略奪の許可は、兵士たちの不満を解消して欲望を一気に充たしてやるだけでなく、今後の遠征へ向けて軍の士気をあらためて高揚させることを狙ったものだと言えるだろう。

滞在中のアレクサンドロス

クセルクセスの巨像

いよいよ王宮に足を踏み入れたアレクサンドロスが具体的に何をしたか。もちろん彼も現在のわれわれと同じように、基壇西側の大階段を登り、万国の門をくぐって、アパダーナへと向かったことだろう。

建物に入ったアレクサンドロスについて、ローマ帝政期の有名な伝記作家プルタルコスは、『アレクサンドロス伝』においてこんな場面を伝えている。

彼は、王宮に乱入した大勢の者によって誤って倒されたクセルクセスの巨像を見て立ち止まり、あたかも生きている人に言うように、「そなたはギリシア人に向かって遠征したのだから倒れたままにして行こうか、それとも他の大志や勇気に免じて起こそうか」と言ったが、結局長い間黙って考えた末に通りすぎた。(第三七章五節。以下とくに断わりのない限り、プルタルコスからの引用はすべて『アレクサンドロス伝』)

なかなか面白い場面であるが、残念ながらこの記述の信憑性《しんぴょうせい》は低いと言わざるをえない。王宮に乱入したというが、アレクサンドロスの命令なしに兵士が勝手に宮殿に押し入ることはできなかったはずである。都市部に対する略奪と混同されたのだろうか。また基壇上には動物の巨像はあっても、クセルクセスの巨像なるものは発見されていない。浮彫りにはダレイオスやクセルクセスの姿が描かれているが、それは石の壁と一体であり、誤って倒せるようなものではない。結局この記述は、アレクサンドロスの言葉も含めて後世の創作であり、それをプルタルコスが引用して書きとめたものと思われる。

ペルシア大王の食材表

紀元二世紀の作家ポリュアイノスの『戦術書』にも珍しい記述がある。アレクサンドロスが、ペルシア大王の朝食と夕食の材料の一覧表が青銅の柱に刻まれているのを読んだというのである。その柱がどこに立っていたのかは不明だが、一覧表自体の引用にポリュアイノス自身(または彼の典拠となった作家)の注釈が付いているので、信憑性は高いといえる。一覧表は長大なものなので、一部だけを訳してみよう。

穀物は、純粋な小麦粉四〇〇アルタバイ（アテナイのメディムノスに相当し、一アルタバイは約五〇《リットル》）、二級の小麦粉三〇〇アルタバイ、三級の小麦粉三〇〇アルタバイ、最上の大麦粉二〇〇アルタバイ、二級の大麦粉四〇〇アルタバイ、三級の大麦粉四〇〇アルタバイ、挽き割りのライ麦粉二〇〇アルタバイ……。動物は、羊と山羊四〇〇頭、牡牛一〇〇頭、馬三〇頭、肥育されたガチョウ四〇〇羽、コキジバト三〇〇羽、あらゆる種類の小鳥六〇〇羽、小羊三〇〇頭、ガチョウの子一〇〇羽、ガゼル（小型の羚羊《れいよう》）三〇頭……。葡萄酒は五〇〇マリエス（一マリエスは約一〇《リットル》）。大王はバビロンまたはスサにいる時には、酒の半分はナツメヤシの酒を、もう半分は葡萄酒を供出した。（第四巻三章三二節）

これ以外にも一覧表には各種のミルクや香油、ニンニク、玉葱《たまねぎ》、黒い乾葡萄《ほしぶどう》、辛子《からし》の種、アーモンド、茹《ゆ》でた二十日《はつか》大根、胡麻《ごま》油など各種の油、紅花《べにばな》の種、サフラン、家畜用の大麦、秣《まぐさ》、麦藁《むぎわら》などの品目が列挙され、その合計は六〇種類以上に及ぶ。

これだけの食材を、大王は一日で消費したという。もちろん大王一人が飲み食いしたというのではなく、ペルセポリスにいた貴族や役人、兵士たちに分配されたのである。大王の食事の様子については、ローマ時代の作家アテナイオスが『食卓の賢人たち』という作品のなかで、何人かのギリシア人作家を引用しながら詳しく紹介しているのだが、ここでは省略する。なお一覧表が青銅の柱に刻まれていたことから、これらの食材は何か特別な機会に使われたと推測することもできる。

さて興味深いのは食材表そのものではなく、これに続いてポリュアイノスが描く次のような場面である。

他のマケドニア人たちはこの食材の一覧表を見て、何と豪勢なことかと感嘆した。しかしアレクサンドロスは、これは不幸であり、面倒な仕事をもたらすにすぎないとして軽蔑し、それが書かれた柱を取り壊すよう命じて、朋友たちにこう言った。「食事にこれほど浪費することを教えられるのは、王たちにとって何の利益にもならない。なぜなら多大の浪費とぜいたくのあとには、ひどい臆病が続くことは必然だからだ。これほど贅《ぜい》を尽くした食事で満腹になった者たちが、戦場ではたちまちのうちに敗北したのを諸君らも見たであろう」。

この逸話は、ただちにもう一つの同様な場面を思い起こさせる。前三三三年秋、イッソスの戦いではじめてダレイオスの軍を破りこれを敗走させた後、マケドニア人たちはペルシア人が戦場に残したおびただしい財宝を手に入れた。アレクサンドロスのためにはダレイオスの天幕や多くの家具、財宝が取っておかれた。追撃から帰ったアレクサンドロスはさっそくダレイオスの浴室に入ったが、その際の逸話としてプルタルコスは次のように述べている。

（彼は）大きな鉢、水差し、浴槽、香油瓶などを見たが、それらはいずれも黄金製で豪華な装飾が施してあり、その部屋には香料や香油の馥郁《ふくいく》たる香りが充ちていた。そこから天幕に入って、その大きさや高さ、寝台や食卓や食物それ自体の飾りつけにいたるまで驚嘆に値するのを見ると、朋友たちをふり返り、「これが王の生活というものなんだな」と言った。（第二〇章一三節）

最後のアレクサンドロスの言葉（これだけは井上一氏の訳文を借用）は、ペルシア王の生活ぶりに感嘆していると読めるかもしれないが、そうではない。彼はダレイオスを軽蔑しているのである。豪華な家具調度品に囲まれ、ぜいたくな食事を味わい、召使にかしずかれた生活にひたっている。ペルシア大王とはその程度の人物にすぎないのか、贅沢品があれば王になれるとでも言うのか。アレクサンドロスはこう思ったのである。

この言葉をペルセポリスにおけるアレクサンドロスの言葉と比べてみれば、あたかも後者は前者の注釈であるかのようだ。そこに一貫する思想はたやすく読み取ることができるだろう。実際当時のギリシア人やマケドニア人は、享楽的でぜいたくな生活に溺れたペルシア大王を柔弱で「女々しい」男として軽蔑し、そうした王に統治されたことがペルシア帝国が衰えた原因であるとみなしていた。それが観念の世界にとどまらず、実際の戦場でペルシア大王に勝利を収めた以上、アレクサンドロスがダレイオスを退廃的な生活のなかで堕落した臆病者と見るのは当然のことである。

財宝の接収

アレクサンドロスはペルセポリスの宝蔵やその他の建物に収められていた財宝を接収した。もちろん彼はペルシア帝国の首都を手に入れるたびにその財貨を我が物としてきたのである。ペルセポリスについで占領したパサルガダイとエクバタナでも同様であった。具体的な金額は伝承によって若干違うが、都市ごとに整理すると次のようになる。

(1)バビロンでは貨幣および家具。その金額は不明。
(2)スサでは四〜五万タラントンの鋳造されていない金と銀、九〇〇〇タラントンのダレイコス金貨、家具調度類、五〇〇〇タラントン相当の紫染料。
(3)ペルセポリスでは一二万タラントンの銀（金は銀に換算してこれに含める）と家具調度類。

(4)パサルガダイでは六〇〇〇タラントン。
(5)エクバタナについては金額は不明。ただし七〇〇〇タラントンは、ダレイオスが東へ逃走する際に持ち去った。

ローマ時代の地理学者ストラボンは、アレクサンドロスはすべての財貨をエクバタナに集め、その総額は一八万タラントンにおよんだと述べている。タラントンとは古代ギリシアで最も大きい貨幣単位で、古典期（前五〜四世紀）のアテナイでは一タラントンの財産を所有する市民は富裕者にかぞえられた。とにかく歴代のペルシア王たちが集めた財宝は、当時のギリシア人・マケドニア人には信じられないほど桁外れの大きさだった。

こうした金銀はどのようにして保管されていたのだろうか。ヘロドトスによると、ペルシア王は帝国の全域から集められた租税のうち、金銀は溶解して土製の甕《かめ》に流し込み、甕が一杯になるとその甕をこわして取り除き、金銀の塊をむき出しの状態で保存した。そして貨幣が必要になると、そのつど必要なだけの金銀を持ち出して鋳造したという（『歴史』第三巻九六章）。アレクサンドロスが見いだした鋳造されていない金銀とは、このような甕の形をした塊だったのである。ちなみにダレイコス金貨は、可能なかぎり純粋に精錬した金を用いており、不純物はわずか三％という良質の金貨であった。

図10　パサルガダイのキュロスの墓

アレクサンドロスはこれらの財宝の大半をエクバタナへ運び出すこととし、運搬のためにおびただしい数の駄獣をペルセポリスへ集めさせた。ディオドロスによれば、バビロンやメソポタミア地方それにスサからも大量の荷駄と荷馬車用のラバ、それに三〇〇〇頭のラクダを集めたという（第一七巻七一章二節）。プルタルコスはラバ一万頭、ラクダ五〇〇〇頭（第三七章四節）、クルティウスはラバ三万頭（第八巻七章一一節）という数字を伝えている。

パサルガダイ訪問

キュロスが建設したパサルガダイもアレクサンドロスの手に落ちた。ペルセポリスとの間隔は直線距離で四三キロ、ポルヴァール川にそって曲がりくねった道をたどると八〇キロある。その時の具体的な様子は現存史料には伝えられていないが、おそらくアレクサンドロスはペルセポリス入城後ほどなく部下を派遣してこれを占領したのであろう。先ほど述べたように、そこにあった六〇〇〇タラントンの財貨も無事に接収された。

パサルガダイは標高約一九〇〇メートル、山々に囲まれ、ポルヴァール川に潤された草地の広がるダシュテ・モルガーブ平野に位置する。南北二キロにおよぶ敷地全体が庭園の趣をもち、敷地の北端に聖域、南端にキュロスの墓、その中間に水路で灌漑された美しい王室庭園があり、その庭園を囲むように正門と二つの宮殿、さらに小宮殿が二つ建っていた。

ここで最も強い印象を与えるのは、何といってもキュロスの墓である。ピラミッド状の土台と方形の墓室の二つの部分からなり、土台と墓室の高さはいずれも五・五メートル、最下段の土台は約一三メートル四方で、全体の高さは一一メートルである。装飾を極度に排し、堂々としかも孤高の中にそびえ立つ。パサルガダイの総合的な発掘調査を行なったD・ストロナッハはその印象を「威厳、簡素、力強さ」の三語にまとめている。

このキュロスの墓については、アリアノスも次のように描いている。

かの有名なキュロスの墓はパサルガダイの王室庭園のなかにあって、墓のまわりはさまざまな種類の樹木が生い茂る、神聖視された木立で囲まれ、水も豊かに灌漑されて、美しい草地には芝草が深々と密生していた。墓そのものは下方が四角い切り石で方形に築かれ、その上に屋根をかぶせた石造の墓室が載っていた。墓室には人ひとり、それも小柄な人間が散々苦労してやっとすり抜けられる程度の、狭い入口があって、それが内部《なか》に通じていた。墓室の中にはキュロスの遺体を納めた黄金の棺が安置されていて、棺の傍《かたわら》には寝椅子が一脚置かれていた。(『アレクサンドロス東征記』第六巻二九章四～五節、大牟田章訳。以下アリアノスからの引用はすべて『東征記』)

墓室の中の様子がここに描かれているのは、ここを訪れたアレクサンドロスが、そこに入って見るようにと部下に命じたからである。この点については、ローマ時代の地理学者ストラボンに次の記述がある。

アリストブロスによると、当人は大王の命によって入口を通り内部へ入って慰霊の式を行ない、その折に黄金の寝椅子、酒盃を並べた食卓、黄金の棺、数多くの衣服と貴石を埋め込んだ装身具を見た。（『ギリシア・ローマ世界地誌』第一五巻三章七節）

アレクサンドロスがこのパサルガダイを訪れたのがいつなのか、どの史料も明確には述べていない。しかし後に触れるペルシス内奥部への遠征の行き帰りにここを通過したのであろう。アレクサンドロスがキュロスに寄せる敬慕の念にはきわめて深いものがあった。六年後にここを再び通過して、墓が荒らされ副葬品も奪われているのを見た時にはひどく悲しみ、部下のアリストブロスにその修復を命じている。

金貨の贈与　ところでプルタルコスによると、ペルシア王がパサルガダイへ馬で入る時には、女たち一人一人に金貨を与えるという決まりがあった。そこでアレクサンドロスはわざわざ二度も市内に入り、身ごもっている女には二倍の金を与えたという（『烈女伝』第五章、『アレクサンドロス伝』第六九章一節）。これはインドから帰った後の、前三二四年の出来事だが、ペルセポリス滞在中の前三三〇年にも同様なことがあったと考えてよいだろう。

ペルシア王がパサルガダイの女たちに貨幣を与えるという習慣は、いったい何に由来するのか。話は前六世紀中ごろのキュロスにさかのぼる。キュロスはペルシア人を率いて、当時彼らを支配していたメディア人と戦ったが、パサルガダイ近辺での戦闘に敗れて逃走した。この時パサルガダイにいた女たちが彼らと出会い、皮肉たっぷりの言葉を投げつけて彼らに逃走を恥じ入らせた。彼女たちは着物をまくり上げ、「どこへ逃げるんだい。お前さんたちが出てきたここへ、またもぐり込みたいっていうのかい？」と言ったという。そこで男たちは反転して再度メディア人と戦い、勝利を収めた。この後キュロスは女たちの功績を称えて金貨を配るようになったのである。アレクサンドロスはこの習慣に忠実に従ったわけだが、これもキュロス大王に対するアレクサンドロスの深い敬意の表れであった。

もっともペルシア王のなかには、この習慣を嫌ってパサルガダイをあまり訪れない者もいた。プルタルコスによると、特にアルタクセルクセス三世はケチだったのでパサルガダイへは一度も来なかった、あるいは市内に入らずに迂回した。しかし彼もパサルガダイで即位式を行なったはずだから、この記述は少々疑わしい。

ペルシス内奥部への遠征

さてマケドニア軍は約四ヵ月間ペルセポリスに滞在し、それまでの行軍の疲れを癒して英気をやしなった。しかしアレクサンドロス自身は騎兵一〇〇〇と軽装部隊を率い、ペルシス地方の奥深くへと遠征に出かけた。すばるの星が日没と同時に地平線に沈む四月はじめのことである。ローマ時代の作家クルティウスは、厳寒のさなかに行なわれた遠征の様子を次のように描いている。

彼は万年雪におおわれた道へとやって来た。雪は厳しい寒さのために凍結していた。その土地の荒涼たるあり様と、通る道すらないという人気《ひとけ》のなさが、疲れ果てた兵士たちを恐怖させ、彼らは自分たちが人間世界の果てを見ているのだという気がした。見渡すかぎり虚無が支配し、人間の文明の痕跡が何ひとつないのを彼らは驚きの目でながめ、日の光や空までが自分たちを見捨ててしまわないうちに帰るべきだと要求した。（第五巻六章一三節）

これに対してアレクサンドロスは兵士たちを叱りつける一方、みずから馬から降りて先頭に立ち、つるはしで氷を砕きながら道を開いていった。他の将兵もこれにならったという。それから小屋に住む山岳民たちと家畜の群れを見つけて彼らを服属させ、最後にマルドイ人という好戦的な民族を征服して、三〇日後にペルセポリスへ帰った。

ダレイオス追撃へ

アレクサンドロスがペルセポリスを出発し、当時エクバタナにいたダレイオス三世への追撃を開始したのは前三三〇年五月末のことである。ところがエクバタナまであと三日の行程まで来たところで、すでにダレイオスは五日前に東へ逃走したとの報せが入った。それからアレクサンドロスの一ヵ月近くにおよぶ追跡行が始まった。しかもその途中、ダレイオスが側近たちに捕縛され、実権はバクトリア総督のベッソスに移ったことが明らかになる。事態は急を要した。アレクサンドロスは騎兵の小部隊を率い、炎暑の砂漠をあらんかぎりのスピードで突っ走る。ようやく大王の馬車に追いついた時には、ダレイオスは側近の手にかかってすでに息絶えていた。こうしてアケメネス朝は滅びた。前三三〇年七月中ごろのことである。

ダレイオスを殺害したベッソスは、このあとバクトリア地方へ逃れ、王位の象徴である直立のティアラ（ペルシア風の帽子）をつけて、アルタクセルクセスという王名を名のった。アレクサンドロスはアケメネス朝の正統な後継者としてこれに対峙し、今度はベッソスを反逆者として追跡することになる。結局ベッソスは翌三二九年夏、ソグディアナ地方において仲間によって逮捕され、アレクサンドロスに引き渡された。そして翌年エクバタナへ護送されて処刑された。

さてアレクサンドロスが出発した後のペルセポリスには、ニカルキデスを指揮官とする三〇〇〇のマケドニア人駐留軍が残された。そして基壇上の壮麗な宮殿の大半がこの時すでに廃墟となっていた。ただしペルセポリスの都市自体は残った。大王の死後もペルセポリスはペルシス地方の首都であり続け、ペルシスの総督はここを拠点として統治にあたったのである。

ではこの宮殿の炎上と破壊はいついかなる状況で起こったのか、そして宮殿に火を放ったアレクサンドロスの動機は何だったのか、いよいよ本書の中心テーマに移ることにしよう。

王宮放火の真相

古典史料の検討

アレクサンドロスの歴史家たち

失われた歴史家たち

アレクサンドロス大王の一〇年にわたる壮大な遠征については、すでに大王の生前から歴史書が書かれていた。最も早い例はギリシア人歴史家カリステネスの作品である。彼は大王の正史を書くことを任務として遠征に従軍し、アレクサンドロスを英雄アキレウスの再来として英雄叙事詩のような色彩で描いた。しかし紀元前三二七年に彼は大王に対する陰謀事件に連座して処刑され、彼の作品もその時点で中断してしまった。

前三二三年にアレクサンドロスが世を去ると、遠征に従事した何人もの人々がそれぞれの立場で大王伝を書くようになった。代表的な作者は次の四人である。

(1)大王の側近の一人でプトレマイオス朝エジプト王国を建設したプトレマイオス。
(2)遠征からの帰途、インダス川の河口からペルシア湾までの沿岸航海で艦隊指揮官を務めたギリシア人ネアルコス。
(3)ギリシア人で技術者・建築家といわれるアリストブロス。
(4)哲学者でインドの自然やバラモン僧についての記録を残したオネシクリトス。

ヘレニズム時代には、これらの作品に依拠したりその他さまざまな記録や伝聞をもとにして、多くの大王伝が書かれた。そのなかでも特に重要な作家として、前三世紀中ごろに大王についての数々の逸話や噂話のたぐいを集めたクレイタルコスがいる。

しかし今日ではこれらの作品はすべて失われ、後世の作家によって引用された部分だけが原作の断片としてかろうじて残っているにすぎない。ドイツの文献学者ヤコビーが編纂した『ギリシア歴史家断片集』には、これら失われたアレクサンドロス伝の断片ももれなく収められており、名前の判明する作家は三五人におよぶ。

現存する大王伝　結局アレクサンドロス大王のまとまった伝記として現存するのは、ローマ時代に書かれた五篇だけである。そのうちのいくつかは本書でもすでに引用した。まずそれぞれの著者と作品を紹介しよう。

(1)　アリアノス

紀元一世紀末、小アジアのニコメディアで元老院議員身分の名望家に生まれたギリシア人である。二世紀のハドリアヌス帝時代にヒスパニア属州の総督、ついでローマ帝国の東方辺境であるカッパドキア属州の総督をつとめ、傑出した政治家・軍人として名を上げた。その一方で諸地域の歴史や民族誌などの著作によって文人としても一流の名声をあげ、「第一級のローマ人」とも言われた。『アレクサンドロス東征記』全七巻をいつ執筆したのかについては諸説あるが、若いころにトラヤヌス帝のパルティア遠征に従軍した経験がきっかけになったという推測は興味深い。その『東征記』が軍事史的な記述に詳しいのは、著者自身の経歴を反映しており、全体にきわめて冷静な筆致で書かれている。これに関連して、インドの自然と社会およびネアルコスの航海記を含む『インド誌』がある。

(2)　プルタルコス

紀元一世紀中ごろ、ギリシアのカイロネイアの名望家に生まれた。ローマの上流社会ともつながりがあり、故国で名誉職的な仕事につくかたわら、膨大な読書をふまえて約二五〇篇というおびただしい作品を書いた。現存する作品は伝記と倫理論集の二つに大別される。伝記は、ギリシア・ローマの著名人を一人ずつ組み合わせた二二組の対比列伝と四篇の単独伝記の計四八篇からなり、「アレクサンドロス伝」は「カエサル伝」と組み合わされている。記述にあたっては、あらゆる分野にまたがるきわめて多数の作品が縦横に利用された。彼自身が「アレクサンドロス伝」の冒頭でことわっているように、彼の作品は歴史ではなく伝記であり、ちょっとした言葉や行動をとらえて人物の性格を生き生きと描くことが彼の目的である。その結果として、さまざまな種類の色彩豊かな逸話が伝えられることになった。

(3)　ディオドロス

紀元前一世紀シチリア出身のギリシア人で、歴史家として活躍した時代は、ちょうどローマの共和政から元首政への転換期にあたっている。全四〇巻におよぶ『歴史集成』は当時のギリシア・ローマ人にとっての世界史といえるもので、時代は英雄ヘラクレスのギリシア帰還という太古の昔から、彼にとっての同時代であるカエサルのガリア戦争（前五八〜五一年）まで、対象とする地域も地中海沿岸一帯からアラビア、スキュティアまで広範囲におよんでいる。完全な形で残っているのは一〜五巻、一一〜二〇巻の計一五巻であるが、これだけでも現存するギリシア語の古代歴史書では最大の分量である。第一七巻がアレクサンドロスただ一人にあてられている。彼もいろいろな史料を用いて記述したため、まじめな歴史の部分と、興味本位の物語とが混じりあっている。

(4)　クルティウス

全一〇巻の『アレクサンドロス伝』を書いたが、最初の二巻が失われたため、正確な題名も作者自身のことも不明である。同じ名前の元老院議員と同一人物かとも思われるが、その時代が紀元一世紀なのか三世紀なのかさえわからない。その作品はローマ時代の修辞学をふまえた華麗なもので、架空の演説や対話が数多く登場する。しかし他の史料にはないような情報も含まれており、その点で貴重である。

(5)　ユスティヌス

この人物についても不明な点が多いが、紀元三世紀ローマの修辞学者ではないかという説が近年出されている。その著作の性格は右の四人とは異なる。アウグストゥスの時代に、ポンペイウス・トログスという歴史家が『フィリッポスの歴史』という四二巻の長大な作品を著した。ユスティヌスはこれを要約・抜粋して同じ題名で出版したのである。題名こそフィリッポス、すなわちアレクサンドロス大王の父王であるが、その内容はアッシリア帝国からローマの地中海制覇にいたる世界史である。このうち第一一〜一二巻がアレクサンドロスの東方遠征を扱っている。

以上が現存する五つの大王伝である。ちなみに日本語訳で読めるのは、アリアノス、プルタルコス、ユスティヌスの三篇である（末尾の参考文献参照）。

大王伝の史料的価値

さてこれらの大王伝について注意すべきは、いずれも前一世紀から後二～三世紀にかけてのローマ時代、すなわち大王の死後三〇〇～五〇〇年もたって書かれたものだということである。当然彼らは自分よりも前の時代に書かれたさまざまな歴史書を参照しながら自分の作品を書いた。したがって、現存作品の史料的価値を判定するためには、これら五人がそれぞれどのような史料にもとづいて執筆したのかを調べなければならない。現存作品における個々の記述の真偽は、その原典にさかのぼってはじめて判断することができる。言いかえれば、アレクサンドロス大王の研究においては、五篇のテキストについての原典研究、文献学的研究が不可欠なのである。

ではローマ時代の五人は何に依拠して書いたのかというと、主な原典は、アレクサンドロスとともに遠征に従軍した五人の作品、すなわちカリステネス、プトレマイオス、ネアルコス、アリストブロス、オネシクリトスであり、これにヘレニズム時代のクレイタルコスが加わる。そのうえこれら六人の作品についてもそれぞれ信憑性に違いがある。最も信頼性が高いとされるのが、プトレマイオス、アリストブロス、ネアルコスの三人である。

その理由は、プトレマイオスは大王の命令書や宮廷で書かれた王室日誌を直接参照することができたからであり、ネアルコスは自分の見聞や航海日誌にもとづいてインド誌と航海記を書いたのであり、アリストブロスも大王への追従や事実の歪曲とは無縁だからということである。つまりこれら三人は大王について客観的で冷静な記述を残したというわけである。これに対してカリステネス、オネシクリトス、クレイタルコスの三人は、大王への媚《こび》へつらいや空想的な記述、あるいは興味本位の作り話やゴシップに満ちているという理由で、信憑性が低いと見なされてきた。

一九世紀以来のこうした原典研究の結果、現存する五篇について、アリアノスとそれ以外の四人との間には明確な一線が引かれることになった。というのは、アリアノスが最も信憑性の高いプトレマイオスとアリストブロスを利用したことを彼自身が明言しているのに対し、他の四人は興味本位のクレイタルコスに依拠した部分がきわめて多いと判断されたからである。こうしてアリアノスの『東征記』は「正史」と呼ばれ、アレクサンドロス研究の第一級史料として別格の扱いを受ける一方、他の四篇は「俗伝」あるいは「クレイタルコス系史料」という名で一括され、一段低い史料として扱われてきた。

しかしながら一九七〇年代以降、アレクサンドロス伝についてのいっそう緻密な原典研究が進み、それまでの評価に修正が加えられるようになった。まずアリアノスの依拠したプトレマイオスにいくつもの偏向が発見された。すなわちプトレマイオスは遠征中の自分の行為を正当化したり誇張するために、あえて事実を歪曲・創作したり、自分のライバルであった将軍の業績を不当に無視していると思われる箇所が少なくないのである。一方、他の四篇についても、それぞれの記述がどういう原典に由来するのかが章・節ごとにきめ細かく究明された結果、クレイタルコス以外のいくつもの歴史書が原典として特定され、十把ひとからげに信憑性を云々することの危険性が明らかになった。すなわち「俗伝」と言われてきた作品群の信憑性も、それぞれの個々の記述について個別具体的に判断しなければならないのである。こうして現在では、アリアノスとそれ以外の作品を単純に二つの系統に分けて対立させるという従来の方法は通用しなくなっている。

以上のような研究史をふまえてペルセポリス炎上事件の真相を明らかにするためには、それぞれの作品における事件の記述について、その原典と信憑性を細かく検討しなければならない。本章では放火の様態と時期、すなわち放火がいつどのような状況で行なわれたのかを調べることにしよう。なおユスティヌスだけは放火事件そのものに言及していないので、ここでは他の四人の記述を取り上げることにする。

計画的放火の伝承

放火の様態については、本書の冒頭でも述べたように、熟慮のうえで計画的に行なったとする伝承と、酒宴の席での衝動的なものであったとする伝承の二種類がある。まず計画的放火であったと伝えるのはアリアノスただ一人である。

アリアノスの記述

アレクサンドロスはまたペルサイ（ペルセポリス）の王宮を焼き払った。このときパルメニオンはこれを救おうとしていろいろと忠告したが、とりわけ次のように言った。すでに自分のものになっている財産を破壊してしまうのは賢明ではないし、そんなことをしてもアジアの住民は、王は結局アジアの支配を維持しようと決意して来たのではなく、ただ征服して去ってしまうだけなのだと考えて、アレクサンドロスに心を寄せないだろう、と。これに対してアレクサンドロスは、自分が意図するのは、かつてペルシア人がギリシアに侵攻した時にアテナイを破壊して神殿を焼き払ったことの仇を討ち、その他彼らがギリシア人に対して働いたかぎりの悪事に報復することなのだ、と答えた。（第三巻一八章一一～一二節）

ここからは、アレクサンドロスが一五〇年前のペルシア戦争への復讐という大義名分にもとづいて、ギリシア人のために王宮を焼き払ったという事情がうかがえる。動機については後に検討するとして、アリアノスによれば、放火は東方遠征の目的に合致した意図的な行為であったことになる。

プトレマイオスの原典

この記述は明らかにプトレマイオスに依拠していると考えられる。プトレマイオスは上部マケドニアの出身で大王と同年齢といわれ、王国の首都ペラで育てられた。大王とともに学んだ学友であり、東方遠征には最初から参加している。もっともペルセポリスに到着するまでの彼の経歴には目立ったところはない。ペルシア門での戦闘で彼は三〇〇〇人の歩兵を指揮して活躍したと、アリアノスは述べているが、これは疑わしい。おそらく自分の業績を誇示するための創作と考えられる。

それから彼は紀元前三三〇年に大王の側近護衛官という朋友としての最高位に昇進するのだが、これはすでにペルセポリスを進発した後のことである。とはいえプトレマイオスは大王の少年時代からの友人の一人であり、大王のそばで放火決行までのいきさつを知り得る立場にあったことは疑いない。これらの点を考慮すれば、右のアリアノスの記述は事実を正確に伝えているように見える。もっともここではパルメニオンと大王が二人だけで対話をかわしたように書かれているが、実際には他の側近たちをも含めた会議が開かれたのであろう。

大王とパルメニオンの対話

しかしながらアリアノスの記述には一つだけ重大な問題点がある。それは放火に先立ってアレクサンドロスがパルメニオンと議論しているということで、この一点において右の記述の信憑性に疑いが生じるのである。

パルメニオンは、アレクサンドロスの副将格で遠征に参加していた老将軍である。彼は前四〇〇年ごろの生まれで、傑出した軍人として知られ、大王の父フィリッポス二世の時代には軍事と外交に大きな功績をあげた。長年にわたってマケドニア王国を支えてきた元老・重臣というべき存在である。東方遠征開始の年にはすでに六六歳、グラニコスとイッソス、さらにガウガメラといった重要な会戦では、戦列の左翼全体の指揮を委ねられた。

このパルメニオンがなぜ問題になるかというと、彼と大王との対話は大王の伝記にくり返し現われる定型、言いかえればパターン化された記述なのである。『東征記』においてパルメニオンはしばしばアレクサンドロスになんらかの忠告を与えたり、王を諫《いさ》めたりする。ところが彼の忠告はほとんどの場合アレクサンドロスによって拒否される。そして王は自分の考えた通りに行動して、常に成功をおさめるのである。たとえばペルシア軍との最初の会戦であるグラニコスの戦いでは、パルメニオンはもう時間が遅いから戦闘を翌日に延ばすようにと忠告した。そのあと小アジアのギリシア人都市ミレトスを攻撃した時、パルメニオンは海戦で決着をつけることを勧めた。前三三一年にペルシア王ダレイオス三世から講和の申し出があった時には、これを受け入れるようにと言った。ガウガメラの戦いの前夜には、彼はペルシア軍に夜襲をかけることを進言した。しかしアレクサンドロスはこれらの忠告をことごとく拒否したのである。すなわちグラニコスではその日のうちに戦闘に突入し、ミレトス包囲戦では海軍力が敵に劣るという理由で海戦を避けた。ダレイオスからの講和の申し出は断固はねつけて、あくまでもアジア全土の支配をめざすことを宣言し、ガウガメラでは夜襲のごとき小細工を弄《ろう》することを軽蔑して、「私は勝利を盗まない」と言った。以上はすべてアリアノスに登場する事例だが、プルタルコスにも同じような場面が描かれている。こうして大王の決断は常に正しく、パルメニオンの忠告はみな不適切であるかのように描かれる。要するにパルメニオンは大王の引き立て役を演じているわけである。ともかくこれがあまりにも頻繁に現われて定型化しているため、少なからぬ研究者が、二人が交わす対話は意図的に創作されたものではないかと疑ってきたのも当然である。

そこで右のアリアノスの記述に戻ると、これもパルメニオンの忠告とアレクサンドロスの拒否という定型化された記述に属することは明白である。したがって王宮放火をめぐる二人の対話も創作された可能性があることは否定できない。もしこれが創作されたものだとすれば、その真相は、酒に酔っての衝動的な放火といういささか見栄えの悪い事実を隠すために、いつものパターンが利用されたということになろう。とはいえテキストの分析だけではそこまで証明することはできず、ただ創作の疑いが残ると言えるにとどまる。結論はひとまず保留しておこう。

衝動的放火の伝承

酒宴と酩酊

アリアノス以外の三つの伝承、すなわちプルタルコス、クルティウス、ディオドロスはいずれも、放火は大王が酒に酔った末の衝動的な行為であったと述べている。ここではディオドロスを引用しよう。

アレクサンドロスは勝利の祝典を執り行ない、神々に盛大な犠牲をささげ、朋友たちと豪華な饗宴を催した。その日朋友たちは歓楽のかぎりを尽くして痛飲し、酔いが回るにつれて酔客たちの魂は狂気にとりつかれたかのようにすっかり逆上《のぼ》せあがってしまった。この時、同席していた遊女の一人でタイスというアテナイ生まれの女がこう言った。もしもアレクサンドロス様が私たちと一緒に行列を組んで王宮に火を放ち、女たちの手でペルシア人の栄華を一瞬のうちに消してしまったら、王様がアジアで成し遂げた偉業のなかでも最高のものになるでしょう。この言葉が、まだ若くしかも酒で理性を失った者たちにむかって言われたので、当然のことながら誰かが、行列をつくって松明《たいまつ》に火をつけろと叫び、ギリシア人の聖域に対する冒瀆行為に復讐せよと扇動した。他の者たちもこれに声を合わせ、そうした振る舞いはアレクサンドロスだけにふさわしいと言った。王もこうした言葉に煽りたてられたので、全員が宴席から立ち上がり、（酒神）ディオニュソスを称えて勝利の行列を組もうではないかと、口々に言い合った。たちまち多くの松明が集められ、女性歌手たちも酒宴に招待されていたので、歌声や横笛、縦笛の音に合わせて王がみずから行列の先頭に立ち、遊女タイスがこの余興を先導した。王に次いで最初に彼女が火のついた松明を王宮に投げ入れた。他の者たちもこれにならったので、王宮一帯はたちまち巨大な炎に包まれて燃え落ちてしまった。（第一七巻七二章一〜六節）

ここではタイスという名の遊女がアレクサンドロスに放火をそそのかしたとされ、物語のなかで彼女に主導的な役割が与えられている。プルタルコスとクルティウスの記述も大筋においてディオドロスと一致する。プルタルコスによれば、彼女は次のような「身のほど知らずの大演説」をぶち上げた。

アジアをほっつき歩いて苦労して、今日という日はペルシア人の立派な宮殿で豪勢なことをしてお返ししてもらったけれど、アテナイを焼いたクセルクセスの家を底抜けに騒いで焼いちゃおう。私が王様の見ている前で火をつけて、アレクサンドロス様と一緒にいた女たちの方が陸海軍の将軍さんたちよりももっと立派にギリシア人のためペルシア人に復讐したと人々の話に伝えられたならば、もっと素敵よね。（第三八章三～四節、井上一訳、一部変更）

これらの伝承はどこまで信用できるだろうか。

遊女タイスの実在性

プルタルコスは、タイスがプトレマイオスの愛人として遠征軍につき従っていたと述べている。タイスが実在の人物であることは疑いない。彼女はアテナイでも有名な遊女で、前四世紀の喜劇作家メナンドロスは作品の一つに彼女の名前をつけたという。ローマ時代の作家アテナイオスは、『食卓の賢人たち』において次のように述べている。

アレクサンドロス大王はアッティカの遊女タイスを同行させなかったろうか。彼女についてクレイタルコスは、彼女がペルセポリス王宮の放火の原因になったと述べている。タイス自身はアレクサンドロスの死後にエジプト王となったプトレマイオス一世と結婚し、彼にレオンティスコスとラゴス、娘エイレーネーを生んだ。このエイレーネーをキプロス島のソロスの王エウノストスが妻とした。（五七六ｅ）

一見するとタイスがはじめは大王の愛人であったかのように書かれているが、大王の正式の妻以外の愛人としては、ただ一人バルシネという女性だけが確認できるので、この部分は誤りである。ただ彼女が最初から遠征軍につき従っていた点は事実であり、大王の存命中からすでにプトレマイオスの愛人であったに違いない。彼女が生んだという二人の息子の名前が正確であることは、他の二つの史料から確認することができる。その第一は現存する大王伝の一つであるユスティヌス『フィリッポスの歴史』（邦訳は『地中海世界史』）で、アレクサンドロス死後の後継者戦争のさなか、前三〇六年キプロス沖での海戦に関連してプトレマイオスの息子レオンティスコスに言及している（第一五巻二章七節）。第二の史料は、ギリシア本土のアルカディア地方の祭典であるリュカイア祭におけるさまざまな競技の優勝者を記録した碑文である。前四世紀末のリストのなかに、紀元前三〇八／七年の二頭立戦車競技の優勝者としてマケドニア人でプトレマイオスの子ラゴスの名前が刻まれている（ＳＩＧ三一四）。こうしてタイスとプトレマイオスの二人の息子について、アテナイオスが正確な記述をしていることがわかる。

以上の検討から、遊女タイスがプトレマイオスとともに東方遠征に従っており、したがってマケドニア軍とともにペルセポリスにも滞在していたことは事実として受け入れてよい。

マケドニア人の宴会

そこで問題は、彼女が酒宴の席でアレクサンドロスをそそのかして王宮に放火させたという伝承が事実なのかどうかということである。この伝承によれば、大王とその側近たちとの宴会には、タイスをはじめとする遊女たちが参加していた。しかし古代の史料によれば、マケドニア人の宴会には女性は同席しない。女性が参加するのはギリシア風の宴会であって、マケドニア風ではないのである。たとえばヘロドトスは、ペルシア戦争を主題とする『歴史』において次のような話を伝えている。前六世紀末、ペルシア人の使節団がマケドニア王国を訪れてペルシアへの服属を要求した。マケドニア王アミュンタスはこれを受け入れてから使節たちを宴会に招いたが、彼らはペルシアの風習にしたがって王の妻や妾も宴席にはべらせるよう求めた。ヘロドトスは、これがマケドニアの習慣ではなかったと付け加えている。このあとやむなく同席した女性たちにペルシア人使節たちがセクハラ行為をはたらき、これに怒った王子が計略を用いて使節団の全員を殺害したという（第五巻一七〜二二章）。使節団殺害という事件については、大半の学者がこれはあり得ないことだとして否定しているが、マケドニア人の宴会に女性は同席しなかったという習慣自体までも疑うべきではない。なぜならペルシア使節団殺害事件が後世の創作であるとしても、この物語をもっともらしく見せるためには、実際の習慣を物語の背景にすえることが必要だからである。また現存する大王伝にもマケドニア人将兵の宴会の場面がしばしば描かれているが、女性が同席していたことを示唆する箇所は見いだせない。

大王が主催するマケドニア人の酒宴は、じつはもう一つの政治の場でもあった。そこにおいて王は、自分の新しい政策を朋友たちに諮《はか》ってその反応を確かめた。前三二七年にアレクサンドロスがペルシア風の宮廷儀礼である跪拝礼《きはいれい》を導入しようとした場面はその典型である。他方で王を取り巻く朋友たちにとって、遠征軍のなかで自分の地位と威信を高めるためには王の好意と信頼を得なくてはならない。そのため彼らは酒宴の席で王の提案を支持したり新しい政策を王に進言したりして、他のライバルたちよりも一歩抜きんでようとする。彼らが政治問題について弁舌をふるう場面も大王伝に繰り返し現われる。このように大王の饗宴は政策ないし政治的意志決定の場であり、また朋友たちが王の寵《ちょう》を求めて激しい競争を繰り広げる舞台でもあったのである。

これに対してギリシア人の饗宴には、召使の奴隷や笛吹き女だけでなく、ヘタイラと呼ばれる遊女も参加した。彼女らのなかには、高度な教養を身につけて政治家や劇作家たちとも対等な会話をかわす能力をもつ者もいた。最も有名なのは、前五世紀アテナイの政治家ペリクレスが愛したアスパシアである。タイスもこうした種類のヘタイラの一人であった。なお近年の研究では、市民身分の女性が男性市民とともに宴会に参加したという例が多数報告されている。ときには女性の方が宴会を主催した場合すら見いだされる。

タイスの伝承の由来

要するに、タイスが大王に放火をそそのかしたとされる宴会は、本来マケドニア風に女性抜きで行なわれたはずであるのに、ギリシア風の宴会として描かれているのである。したがってこの場面を最初に描いたのは明らかにギリシア人作家であり、彼はギリシア人の好みに合うように事実を脚色したのである。プルタルコス、ディオドロス、クルティウスの記述がまったく同一の内容をもつことから見て、三人の記述は明らかに特定のある作家の作品に由来する。

ではその作家とは誰か。先に引用したアテナイオスの一節に登場するクレイタルコスであることは間違いない。彼は前三世紀はじめのアレクサンドリアに住んでいたギリシア人で、プトレマイオス二世の時代に大王の伝記を書いた。その作品は、大王への追従や大王とアマゾン女王との会見といった空想的な記述が混ざり合ったもので、とうていまじめな歴史書とはいえない。今日でいえば、ワイドショー並みの面白おかしい逸話を満載していたのである。にもかかわらずそれは興味本位の内容ゆえにかえって一般読者の人気を集め、ローマ時代にいたるまで広く読まれた。実際プルタルコスはこれを頻繁に引用し、ディオドロスやクルティウスも相当程度に依存している。その結果クレイタルコスの記述は今日まで伝えられ、アレクサンドロス大王に対する一般的なイメージに大きな影響を与えてきたのである。

ではクレイタルコスは、タイスの逸話を書くことで何を言いたかったのか。プルタルコスがタイスの言葉として伝えているのがまさにそれにあたる。すなわちアテナイ出身の一人の女が王宮の放火を扇動することで、マケドニアの王や将軍たちよりももっと立派にペルシア人への復讐をなしとげた、ということである。ディオドロスも先の引用に続けて、「もっとも意外だったのは、ペルシア王クセルクセスがかつてアテナイ人のアクロポリスに行なった瀆神行為に対して、その不正を被った国の一人の女性が、はるか後に、ほんの戯れに同じ災難でもって復讐したということである」と述べている。アテナイは一五〇年前にペルシア軍に占領されてアクロポリスの神殿を焼かれた。だからこそ自国出身の遊女がアレクサンドロスを煽りたててペルシア人に復讐してみせたという物語は、アテナイ人の自尊心をくすぐるものだった。それはまた、当時ギリシアを支配していたマケドニア人に対する優越感を味わわせるに十分だったことだろう。そうした気持ちはアテナイ人以外のギリシア人の共有するものでもあった。

以上の検討から、タイスの扇動による放火という伝承はギリシア人向けの創作である可能性がきわめて高いということができる。

タイスとプトレマイオス

ところが、タイスの扇動こそが真実だと見なす論者からは、次のような理由で逆にアリアノスの記述こそが創作であるという主張がなされる。すなわちアリアノスが典拠としたプトレマイオスは後にタイスと結婚し、彼女がペルセポリス王宮放火の扇動者であったという事実を隠そうとした。それゆえプトレマイオスは、放火は大王自身がパルメニオンの忠告をふり切って決行したかのように記録したのである、と。まことに穿《うが》った解釈である。

この説の当否を判断するには、タイスの物語が本当であったとした場合、大王の死後にエジプト王となったプトレマイオスにとって、自分の妻がかつてペルセポリスの放火を扇動したという事実が何らかの不利益をもたらしたかどうかを考察すればよい。もちろんプトレマイオスの気持ちを直接うかがい知ることはできない。ただクルティウスが、放火直後のマケドニア人将兵の気持ちを次のように描いている箇所が手がかりを与えてくれるかもしれない。

マケドニア人たちは、これほど壮麗な都市が王の乱痴気騒ぎによって破壊されたことを恥ずかしく思った。それゆえこの事件には大まじめな説明が与えられ、この都市はもっともふさわしいやり方で破壊されたのだと考えて彼ら自身を納得させた。（第五巻七章一〇節）

一般のマケドニア人将兵にとっては、自分たちが酔っぱらった末に、しかも外国の遊女ごときの扇動を真に受けて世にも名高い宮殿を焼き払ったのは、必ずしも自慢できることではなかったというわけである。ギリシア人はタイスの逸話をペルシア人への痛快な復讐物語として歓迎したのだが、それとは異なる受けとめ方が放火の当事者自身にあったことがうかがえる。そして当事者の一人であったはずのプトレマイオスがそうしたマケドニア人の気持ちを共有していたとすれば、妻タイスの突飛な行為を隠したいと思うに十分な理由があったということになろう。

しかし右のクルティウスの記述は、放火の描写に続いてクルティウス自身の感想を述べた箇所に含まれている。したがってマケドニア人将兵が放火の乱痴気騒ぎを自ら恥じたというのはクルティウスの推論ないしはレトリックである可能性が強く、そのような事実を同時代の原典にさかのぼって証明することは不可能である。計画的な放火という場面をプトレマイオスが創作したという説は史料的根拠に欠けると言わざるをえない。

結局のところ放火の様態については、二種類の伝承のどちらも真実の部分と疑わしい箇所の両方を含んでいる。したがってどちらの記述が正しいかという問題は、テキストの文献学的な研究だけでは決着がつけられないということになる。次章で考古学資料と照合したうえで結論を下すことにしよう。

なおもう一つの解釈の仕方として、二つの伝承は矛盾するものではなく両立すると主張する論者もいる。すなわち放火自体は熟慮の末に計画されたものだが、その実行にあたっては、行列を組んだ将兵たちによる熱狂的な騒乱という形でなされたというのである。広大な宮殿群をお祭騒ぎで炎上させることがはたして可能なのか、これも次章で発掘報告書を検討してから判断することにしよう。

放火の時期

宮殿の放火はいつ行なわれたのか。この問題を解決するためには、ペルセポリスにおける四つの事件とその順序について考察しなければならない。

解決の手がかり　四つの事件とは次のとおりである。

(1)ペルセポリスの市域における略奪
(2)宮殿における財宝の接収
(3)ペルシス内奥部への遠征
(4)宮殿の略奪

このうち(4)をのぞく三つの事件の内容についてはすでに前章で述べた。ここでは宮殿放火の時期という問題にかかわる範囲で、あらためてそれぞれの事件の時間的前後関係に触れることにしたい。議論をわかりやすくするために私自身の結論を先に述べておこう。宮殿への放火は、マケドニア軍がペルセポリスを出発する直前の紀元前三三〇年五月に行なわれたと、私は考えている。これに対して最近イギリスのN・G・L・ハモンドが、放火はペルセポリス占領直後の一月になされたという説を発表した。そこで以下ではハモンド説を批判しながら論述していくことにする。

都市部の略奪

王宮の周辺に広がるペルセポリス都市部における略奪の様相については、前章でディオドロスとクルティウスの記述を引用した。市域の略奪に触れている史料はじつはこの二つだけで、他の三つの大王伝はこれには言及していない。そこで略奪の時期であるが、二つの記述はいずれも、それをペルセポリス占領直後の出来事として描いている。

翌日大王は部隊の指揮官たちを召集して、ペルシア王たちの由緒ある都以上に、ギリシア人にとって憎むべき都市はないと告げた。……すでに夷狄《いてき》たちは都市を捨て、恐怖心に駆られるまま、いたる所へ散り散りになっており、大王は遅滞なく重装歩兵部隊を率いて前進した。……この都市の富は、それまで通過してきたすべての都市を凌

いでいた。（以下、略奪の場面へと続く。クルティウス第五巻六章一〜二節）
アレクサンドロスはペルシア帝国の首都であるペルセポリスを、アジアのなかで最も憎むべき都市としてマケドニア人に指し示し、宮殿をのぞいてそれを兵士たちに略奪の餌食として与えた。（以下、略奪の場面へと続く。ディオドロス第一七巻七〇章一節）
どちらの記述においても、アレクサンドロスが将兵に向かって、ペルセポリスこそ最も憎むべき都市であると告げている。これは都市を占領したその時点でなければ意味をなさない行為である。それから直ちにマケドニア人による略奪へと続くのだから、都市部の略奪はペルセポリス占領直後の一月と考えるほかはない。
問題は、都市の略奪と宮殿の略奪・放火が同時なのかということである。多くの論者は両者を区別して、前者は一月の征服直後に、後者はペルセポリスを出発する直前の五月になされたと解釈してきた。実際ディオドロスは略奪の場面で「宮殿をのぞいて」という但し書きをつけているし、クルティウスも都市の略奪の後にペルシス内奥部への遠征について述べ、それからようやく宮殿の放火へと話を進めている。
これに対してハモンドは、ディオドロスもクルティウスも都市の略奪の場面のなかに王宮の略奪をも含めていると指摘する。すなわちディオドロスは都市部略奪の場面の末尾で

「全世界にその名をうたわれた壮麗な宮殿は、凌辱とまったき破壊の犠牲に供された」と述べているが、この「宮殿」は明らかに王宮を指している。またクルティウスにも兵士たちが「王の衣裳」を引き裂いたとある（五五～五六ページ参照）。さらにクルティウスは略奪の場面の直前で、「夷狄はこの都市に全ペルシアの財宝を集めていた」と述べている。こうしてハモンドは、占領直後の都市部の略奪は、基壇上の宮殿をも含んでいたと解釈し、さらに略奪をうけた直後に宮殿は放火されたと主張するのである。

しかし前章でも触れたように、二人の記述は明らかに誇張を含んでおり、略奪の凄惨さを強調しようとしてそこに宮殿を含めてしまったと考える方が筋が通っている。また都市部には王族の邸宅もあったのだから、そこに豪華な「王の衣裳」が見いだされたとしても不思議はない。したがってディオドロスとクルティウスの記述から、都市部と宮殿の略奪が同時であったことを証明することはできない。

またハモンドはアリアノスの記述も取り上げて、放火をめぐるアレクサンドロスとパルメニオンの対話は占領の直前になされたと解釈する。しかしペルセポリス放火に関するアリアノスの記述は、本章の冒頭に引用したのがそのすべてであり、二人の対話についても放火についてもその時期を示唆するものは何もない。このように古典史料にもとづいて占領直後に宮殿の放火がなされたとするハモンドの説は成り立たないといえる。

財宝の接収

アレクサンドロスは宮殿群の南東隅に位置する宝蔵を中心として財宝の接収を行ない、その一部を軍資金としたが、残りの大部分はエクバタナに保管することとした。そこでこれを運搬するために、スサのみならずメソポタミア地方からも大量の荷駄を送らせた。その数はプルタルコスによればラバ一万頭、ラクダ五〇〇〇頭におよんだ。言うまでもなく、これらの家畜をペルセポリスに呼び寄せ、宝蔵から金銀を運び出してエクバタナへ送るためには、数ヵ月の時間が必要である。その間財宝は宝蔵にそのまま保管するしかない。また日常的な家具調度類は、ペルセポリス滞在中のマケドニア人たちが使ったであろう。したがって宮殿を占領した直後に建物や家具を焼き払ったということは考えられない。

ペルシス内奥部への遠征

マケドニア軍がペルセポリスで休息をとる間に、アレクサンドロス自身は騎兵一〇〇〇と軽装部隊を率いてペルシス地方の奥深くに遠征を敢行した。この遠征について詳しく記述しているのはクルティウスだけである。それによると、大王が出発したのはすばるの星が日没と同時に地平線に沈むころであった。これは四月初めのことで、J・R・ハミルトンの注釈によれば四月六日であったという。そして遠征隊が帰還したのはちょうど三〇日後、すなわち五月初めであった。クルティウスの記述はこれに続いて王宮炎上事件へと進む。したがって宮殿への放火は五月であったことになる。

他方でディオドロスはこれとは逆に、宮殿炎上の場面の後でこの遠征に短く言及している。クルティウスとディオドロスで順序が逆なのだが、いずれを信用すべきか。一般にディオドロスの記述では事件の時間的前後関係が混乱している場合が少なくない。彼の歴史は一年ごとの単位で書かれているのだが、二年にまたがる事件を一年に圧縮したり、一年間で終わった出来事を二年に分けて述べるという箇所がしばしば見られるのである。このようにディオドロスの年代の信憑性は低いので、特に古代政治史の研究者は、他の史料との間で年代が一致しない場合にはディオドロスの方を捨てるのが一般的である。私もここでクルティウスを採用し、ペルシス内奥部への遠征が宮殿炎上よりも先であったと考えたい。なおアリアノスとプルタルコスの二人はこの遠征について何も記録していない。

宮殿の略奪と放火

放火の時期について明確に述べているのは、プルタルコスただ一人である。

軍隊を休養させたいと思って——というのは冬だったので——彼はそこ（ペルセポリ

ス）で四ヵ月過ごした。……それからダレイオスを追跡しようとした時、たまたま朋友たちの酒宴と遊びに加わることがあったが、そこには女たちも恋人たちのところに来て、ともに飲み騒いだ。（以下、タイスの扇動と放火の場面へと続く。第三七章六節、第三八章一節）

この記述からは、宮殿への放火がなされたのは、アレクサンドロスがダレイオス三世を追撃するためペルセポリスを進発する直前であったことがわかる。これは、四月のペルシス内奥部への遠征の後で宮殿に放火したというクルティウスの記述とも合致する。

以上の検討から、王宮の炎上は、アレクサンドロスとマケドニア軍がペルセポリスから出発する直前、前三三〇年五月下旬ころの出来事であると結論できる。

放火の様態と時期について、古典史料から引き出せるのはここまでである。放火の時期が五月であることは証明できるものの、結局その様態についてはテキストの検討だけでは決着がつけられなかった。そこで次に考古学資料の検討に進まなければならない。

埋もれた都から

考古学資料の検討

発見と発掘の歴史

ペルセポリスの発見

ヨーロッパ人が書き残した文書のなかにペルセポリスの遺跡が登場するのは、一四世紀のことである。一三一八年、ポルデノーネのオドリックという人物が中国への旅の途中でファールス地方を通過し、遺跡についての短い文章を残した。しかし彼はペルセポリスという名前も知らなかった。一四七四年にはヴェネチア人使節のJ・バルバロがここを訪れたが、彼もその名は知らず、ナクジェ・ロスタムの王の墓をソロモン王のものと考えた。ちなみに彼はパサルガダイとキュロスの墓に言及した最初のヨーロッパ人である。

ここがペルセポリスであることが認識されたのは、ようやく一六世紀末のことだった。

イギリス人G・ダケットが一五六九年の旅行の報告でごく短くこの遺跡に言及した。そして一五九八年にハクルートが大航海時代のイギリス人の記録を集大成して、その叢書のなかにこの報告書を含めた時、ハクルートはこれをペルセポリスへの旅として解説している。一七世紀になるとペルシアでのオランダ人の商業活動にともなって、旅行や報告の機会は増えた。それでもこの遺跡の本来の機能については不明のままであった。一六八六年にJ・シャルダンがはじめて遺跡の図面を公刊したが、彼はここが宗教的機能を持っていたと確信していた。

ペルセポリスの科学的調査は、一八世紀末のドイツ人科学者C・ニーブールとともに始まると言われている。彼はデンマークの調査隊の一員としてペルシアを旅行し、万国の門を守る動物を一角獣とスフィンクスであると見なし、エジプト美術と比較する道を開いた。また彼はペルセポリスで写した楔形《くさびがた》文字を一七七八年に公刊し、一八〇二年にドイツのG・F・グローテフェントがその解読に成功した。こうして王名が判読できたことによって、この遺跡が王の宮殿であることが確定した。

一九世紀最初の四半世紀には、主にイギリスでペルシアについての旅行記が多数出版された。ペルシアを訪れる外交使節たちには、たいてい古物に関心をもつ学者たちが同行していた。一九世紀中ごろからはフランスの活動が活発になる。Ch・テクシエ、E・フランダン、P・コストゥらの大部の旅行記には、ペルセポリスとパサルガダイの豪華で正確な素描が含まれていた。折しもアッシリア美術の発見は、ペルセポリスの彫刻を古代オリエント史の文脈で正しく理解することを助けた。一八八二年、ドイツのF・シュトルチェとF・C・アンドレアスの二人が、はじめてペルセポリスの写真を二巻本で公刊した。残念ながら写真の出来は今ひとつだったようだが。

はじめてペルセポリスの発掘を行なったのは、ファールスの総督ファラド・ミールザーである。彼は一八七七年春に私費で六〇〇人の労働者を雇い、二ヵ月間にわたって発掘作業を行なった。しかしそれは玉座の間で表面の残骸を取りのぞくにとどまった。

一八八四〜八六年にスサでフランス隊が発掘を行ない、ペルシアにおける本格的な古代遺跡の発掘活動が始まった。一八九七年にフランスは、イランにおける考古学的発掘の独占権を手に入れることに成功した。しかしこの特権を利用したJ・ドゥ・モルガンも、主にスサの調査に従事していた。一九二九年にイラン政府は新しい古物法を定めて、諸外国にイランでの考古学的フィールドワークを開放し、こうしてフランスの独占は終わりを告げた。さっそくE・ヘルツフェルトの率いるドイツ隊がパサルガダイでの調査を開始した。

発掘の開始

ペルセポリスの本格的な発掘調査は、一九三一年春、シカゴ大学オリエント研究所によって開始された。著名なエジプト学者でこの研究所を創設したブレステド教授の当初の計画は、ペルセポリスを中心とする半径一〇キロの範囲において、先史時代からイスラム期に至るすべての考古学的位相を調査するという大規模なものであった。発掘現場の責任者には、ベルリン大学オリエント考古学部門の教授であったヘルツフェルトが選ばれた。彼のもとで、ペルセポリスと同時並行で近隣のいくつもの地点でも発掘作業が行なわれた。

ペルセポリスの基壇上においては、最初の年はクセルクセスのハーレムの発掘および部分的な復元を開始することに費やされた。ハーレムの再建は発掘チームの宿舎にあてるためになされたもので、建築家F・クレフターが担当して翌年末に完成した。この建物は現在では博物館およびオフィスとして用いられ、観光客のための売店が付設されている。一九三二年にはアパダーナの東側の大階段や、会議の間の東および南階段が発見され、三三年には城砦《じょうさい》の北東部で大量の楔形文書（城砦文書）が発見された。三四年には基壇上の各区域で表面の残骸が取り除かれ、建物の断片は本来の位置に置き直された。

ところが一九三四年末、イラン政府は突然ヘルツフェルトにペルセポリスから退去することを命じた。その表向きの理由は、彼が出土物の一部を勝手に第三者に与えたというものであった。ヘルツフェルトはそのような事実を否定したものの命令には逆らえず、翌年初めにベルリンへ帰った。イラン政府の決定の真の理由はよくわからないが、ナチス・ドイツとの緊張関係がからんでいたようである。

シュミットの登場

ヘルツフェルトの後任に選ばれたのがエーリッヒ・F・シュミットである。シュミットは一八九七年ドイツのバーデン・バーデンに生まれ、第一次世界大戦には士官として参戦した。東部戦線で負傷してロシア軍に捕えられ、シベリアの捕虜収容所で四年間過ごす。しかしロシア革命の混乱のなかでシベリアを脱出し、北極圏のムルマンスクへたどり着き、それから無事ドイツへ帰って、一九二一年ベルリンのフリードリヒ・ヴィルヘルム大学へ入った。一九二三年にアメリカへ渡ってコロンビア大学で先史考古学と人類学を学び、二四年から二六年にかけてアリゾナでの発掘調査に参加して、南アリゾナの土器に関する研究で二九年に学位を得た。

一九二七年にはシカゴ大学オリエント研究所によるアナトリア調査隊の共同責任者に選ばれ、小アジア西部における層位学研究で画期的な成果を収めた。それから彼は西アジアへ赴き、一九三一年からペンシルヴァニア大学博物館とボストン美術館の後援で、イラク

図11　E・F・シュミット（1897〜1964）
下は，1935年ペルセポリスでのシュミット（右から2番目）．

のファラ、イラン北東部のテペ・ヒサール、イラン北部のレイーにおける発掘調査に相次いで従事した。これらの業績を通じて考古学者としてのシュミットの評価は高まるばかりであった。彼は細心の注意力と無限の忍耐力をそなえた粘り強い人物であった。鋭い観察力ですべてを記録し、蓄積された細部の一つ一つに適切な価値を与え、決して大ざっぱな評価を下すことはなかった。彼がペルセポリスの責任者に選ばれたのは適切というより当然と言うべきであろう。

発掘の再開

一九三五年六月、発掘作業が再開され、ペルセポリスの創設碑文や広大な宝蔵の最初の部屋が発見された。翌年にはこの宝蔵で、エラム語で書かれた粘土板文書が発見され、その数は最終的に七〇〇枚に達した。玉座の間では、約六〇年前にファールスの総督が発掘した際の土砂が列柱廊に堆積しており、まずこれを取り除かねばならなかった。三七年には玉座の間の列柱廊が完全に姿を現わし、アパダーナの北側正面の堆積物もきれいに取り除かれ、ハーレムの北側部分が掘られた。三八年には宝蔵の発掘がつぎつぎと豊かな成果をもたらし、アパダーナの南部分も掘られた。三八年から三九年にかけての冬には、基壇から六キロ離れたナグジェ＝ロスタムの王の墓について、入念な調査と記録が行なわれた。

シュミットの活動は最初からペルセポリスに限らなかった。約四〇〇マイル離れたレイーでも彼は発掘責任者としての活動を続けていたのである。この二重の任務を遂行するためにはこの二ヵ所を頻繁に往復する必要があったが、これを容易にしたのが飛行機である。遠征隊に航空部門を創ったのは、シュミットの妻で裕福なアメリカ人メアリー＝ヘレンである。基壇の西に滑走路が作られ、一九三五年八月に飛行機が到着した。これによって二つの遠征隊の連絡が容易になっただけでなく、航空写真を用いて遺跡の図面を作り分析することができるようになった。「イランの友」と名付けられた飛行機には、パイロットやカメラマンとともにシュミット夫妻みずからが搭乗し、ペルセポリス上空を飛んだ。メアリー＝ヘレンは結婚してわずか二年後の翌三六年に亡くなったが、シュミットはイラン政府によって飛行活動が中止される三七年一一月まで空からの調査を継続した。その飛行範囲はイラン北部のアゼルバイジャンやルリスタン地方までも含む広大な地域にわたる。なおレイーでの発掘活動は三六年に終了し、この遠征を支援していたペンシルヴァニア大学博物館とボストン美術館は、シカゴ大学オリエント研究所とともにペルセポリス発掘の共同スポンサーとなった。また三八年にシュミットは米国の市民権を得た。

一九三九年九月、第二次世界大戦の始まりのために発掘活動は終了し、大戦勃発からち

図12　発掘作業風景（1935年，宝蔵付近）

図13　再建された後宮の北側玄関

1937年３月30日，イラン国王パフレヴィーと皇太子ムハンマドの一行がここを訪問した．

ょうど一ヵ月後の一〇月一日にシュミットはペルセポリスを離れた。同年一二月、妻の形見の飛行機をイラン航空協会に寄贈してから彼はイランを去った。

発掘報告書

アメリカに帰ったシュミットは発掘成果の公刊に全力を傾注した。問題はヘルツフェルトの成果が公表されていないことであった。ヘルツフェルトの発掘成果の一部はいくつかの著書や論文に収められてはいる。しかし彼がイランを去るとき、彼の個人的な持ち物や書物、記録類はイランに留め置かれたままであった。シュミットはこれらをイラン政府が手放すように試みる一方、ヘルツフェルトにも直接会ったり手紙を書いて、発掘成果を公刊することを強く求めたが、いずれも実を結ばなかった。一九三六年三月にロンドンで二人が会った時、ヘルツフェルトは、出土物はオリエント研究所のものではなく自分のものだと言ったという。それでもシュミットはヘルツフェルトによる公刊を待ち続け、一九三九年に出土品についての報告書を出版した時にも、ヘルツフェルトの作業にかかわる部分にはあえて言及しないでおいた。しかしヘルツフェルトは、生前に包括的な報告書をついに公刊しないまま一九四八年一月に世を去った。

さてシュミットはまず航空部門の成果を一九四〇年に公刊したのち、第二次大戦後の一九五三年に『ペルセポリス第一巻』と題する大部の報告書を、一九五七年に同第二巻を公刊した。第一巻は建築と浮彫り、碑文を扱い、第二巻は宝蔵の内容およびその他の出土品を扱っている。それまで多くの人々がペルセポリスの巨大な遺跡を訪れ、それを記述し、描き、語ってきた。しかしその科学的に正確で包括的な内容がはじめて公開されたのだった。それから彼は、王墓とその他の建造物をあつかった報告書の執筆を続けたが、その完成を目前にした一九六四年一〇月三日、六七歳で亡くなった。その報告書は『ペルセポリス第三巻』として一九七〇年に出版され、ここにペルセポリスとその周辺における発掘成果の全容が明らかとなったのである。

シュミット以後

シュミット隊が去ったのちは、イラン考古学局の指導のもとで、ペルセポリス考古学協会が遺跡の保存と復元に従事した。すでにシュミットの時代に、アパダーナの柱をセメントで補強したり、階段の断片を本来の位置に固定するといった復元がなされていた。それに加えてイラン当局は、浮彫りの表面を保護するためにワックスをかけたり、アパダーナ東階段と会議の間の北階段の上に天蓋をかぶせて雨や雪から守るなどした。なおこの天蓋は、観光の邪魔になるという理由からであろう、のちに取り去られたが、私が訪れた時には白い天蓋が二つの階段をおおっていた。

一九六四年、復元作業はイタリア中東・極東協会に委ねられた。ティリア夫妻が指導するその作業は、六〇年代後半にはナグジェ・ロスタムやパサルガダイといった他の遺跡にも拡大された。復元作業は困難をきわめた。発掘が終了してからすでに三〇年もたっており、基壇上の遺物はもとの位置から動かされたり損傷を受けていたからである。散らばったブロックや断片を拾って組み直さねばならない。それだけでなく、付近の石切り場から新たに石を切り出して、階段や柱、壁の欠損部分を埋めるという作業も行なわれた。柱の台座のすぐ上の部分には、そっくり作り直した円盤状の石が据えられた。

こうした復元作業は、考古学上の新たな発見をいくつももたらした。代表的なのが、宝蔵で発見された、大王の謁見場面を描いた二枚の浮彫りが、いずれももとはアパダーナの東と北の階段中央にはめこまれていたことが明らかになったことである。どちらもダレイオス一世の治世末期に着手され、クセルクセスの治世に完成したものである。それがある時アパダーナから撤去されて宝蔵に移され、もとの場所には別の浮彫りが作られたわけだ。そこで二枚の浮彫りの撤去は、いつ誰によってなされたのかが問題になる。さらにこの問題の究明は、ペルセポリス全体がある時点でその機能を変えたのではないかという議論にまで発展した。六〇〜七〇年代に行なわれた復元作業は、こうしてペルセポリス自体についての新たな研究を促しているのである。

火災の痕跡

ようやくシュミットの報告書を検討する段階にたどりついた。以下では報告書の第一巻にしたがって、各建物における火災の跡を拾っていくことにする。図15〜17の部屋や通路、階段などに付けられた番号は、報告書で用いられているものである。

アパダーナ

まず大広間から見ていく（図15）。大広間の南東の隅における発掘の結果、アパダーナが激しい大火によって破壊されたことが明らかになった。火災の影響は、南東の塔や南側の貯蔵室よりも大広間の方がより著しい。大広間の大火の熱は、壁の表面のすぐ内側にある茶色の泥煉瓦《どろれんが》をあまりに強く焼いたので、それは薄い赤に変色した。また緑がかった灰色の床の大半も焼かれ、表面の下五《ミリ》から一《センチ》の深さまで黒く変

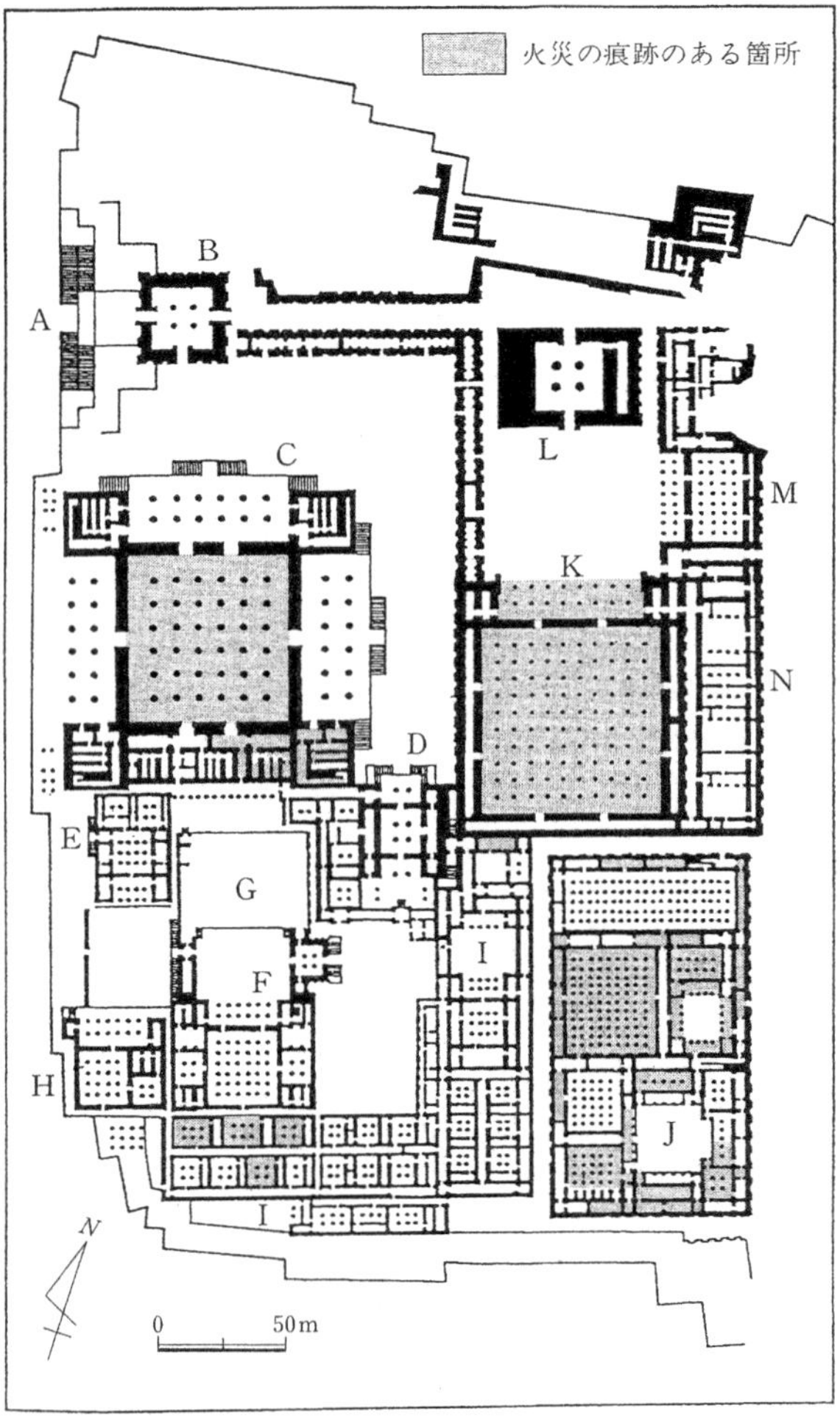

図14　宮殿平面図

A＝正面階段，B＝万国の門，C＝アパダーナ，D＝会議の間，E＝ダレイオスの宮殿，F＝クセルクセスの宮殿，G＝宮殿G，H＝宮殿H，I＝クセルクセスの後宮，J＝宝蔵，K＝玉座の間，L＝未完の大門，M＝三十二柱の間，N＝兵舎

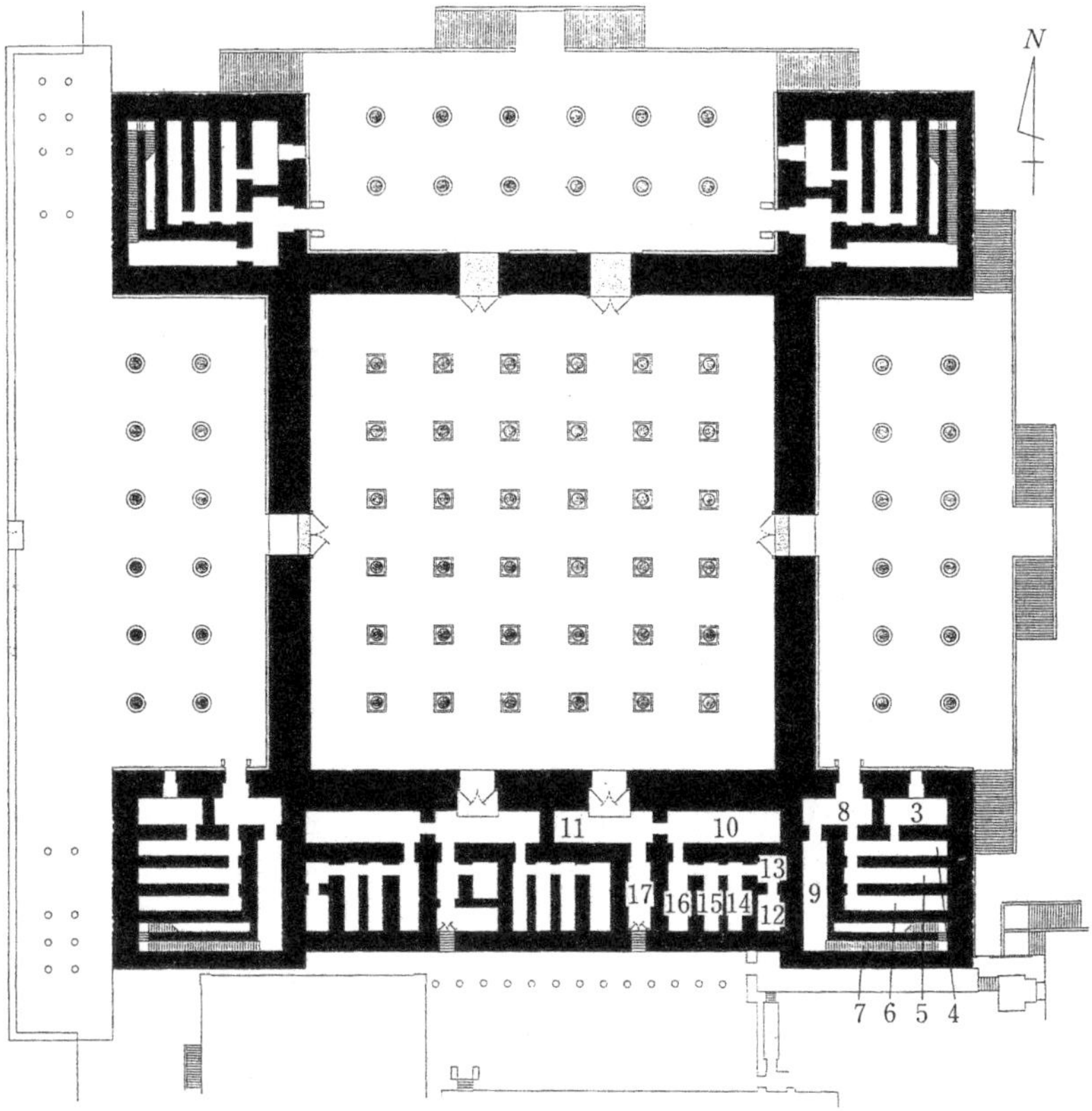

図15　アパダーナ

色していた。シュミットは、壁と床が一様に焦げていることに注目し、炎は織物をふくむ大量の可燃物によってあおられたと推測している。

南東の塔の部分では、前室8の壁に火災の跡がある。通路9は非番の衛兵の詰め所であったらしく、日常的なゴミや泥が床上に堆積していた。壁と床面にはまだら状の焦げ跡があって、火災があったことを示している。その変色は衛兵たちの料理の火で起こされたものではない。というのも塔の頂上に通じる階段や壁が、塔を破壊した炎の煙突の役割をはたした結果、黒く焦げているからである。塔の頂上へ通じる廊下7の壁と階段も火災の跡を示している。部屋3〜6は建設・修理用資財の貯蔵室として使われていたらしい。特に4と5の部屋の残骸は大量の木炭と灰を含んでおり、その壁とりわけ部屋5の壁は炎によって変色していた。木材または木製品の貯蔵を示唆している。

南側では、部屋10の壁にも火災の跡が見てとれる。部屋の東の部分で大量の灰が発見された。それは燃えた木の堆積で、幅一・五メートル、長さ八メートル、高さは床上六〇センチに達する。部屋12、14、15、16においても壁と床が黒く焦げており、可燃性の貯蔵物が燃えたことを示している。とくに部屋12では大量の炭化した木が発見され、その一部は部屋13にまで吹き流されていた。通路17の壁と床も火によって黒く変色していた。

玉座の間

ここはシュミットが発掘する以前にシュトルチェとヘルツフェルトによって調査が行なわれていた。シュトルチェによると、大広間の床全体が灰と木炭の層でおおわれ、その木炭は顕微鏡の分析によって杉の木であることがわかった。つまりこれは屋根の梁《はり》が落下して炭化した残骸なのである。ヘルツフェルトは、この灰と木炭の層が三〇〜九〇チセンの厚さで積もっていたと述べ、大広間全体が可燃物で満たされていたに違いないことを強調した。これは、この建物が宝物の展示のために使われていたというシュミットの見解に合致する。大広間の一〇列一〇〇本におよぶ石の柱はすべて壊されて倒れ、台座だけが残っていた。

大広間と前庭とを段差なしでつなぐ柱廊も破壊された。床には大量の木炭と灰が積み重なり、隣接する壁の泥煉瓦にも焼け焦げた斑点があった。このように大広間と柱廊はともに大火によって破壊されたのである。

宝蔵

宝蔵は長さ一三三・九メートル、幅七七・六メートルの広大な建物で、内部はおよそ一〇〇におよぶ区画に分けられていた。構造的に北側、中央部、南側の三つに区分されるが、火災の影響が特に大きいのは中央部である（図16）。中庭17を取り囲む四つの柱廊18〜21にはすべて火災の跡があり、緑がかった灰色の壁の全体が焦げたり、赤と黒のまだらが残っていた。火災がとりわけ猛威をふるったのが部屋33である。壁の漆喰《しっくい》は焦げてひびが入り、泥煉瓦にはかなりの深さにまで焼きが入っていた。燃えた残骸が厚い層となって床をおおい、そのなかには木炭の破片や布の切れ端、よじれた糸が含まれていた。床にも火の影響が見られた。屋根を支える一〇本の柱の石の土台も変色し、炎の熱のためにひどく割れていた。この部屋は地方行政文書の貯蔵室だったため、ここから楔形文字を記した六五六枚の粘土板や、宝物に付ける粘土札が発見された。柱廊18の隣にある部屋11も相当な量の可燃物を収納していたに違いない。壁と床の全体が激しい火災のあったことを示し、残骸の厚い層が床をおおっていたからである。

広間41は、数少ない出土物でさえきわめて魅力的な品を含んでいることから、王の最も貴重で美しい財宝がここに収納されていたと考えられる。ここも激しい大火の跡を見せる。壁の漆喰はまだらになり、あるいは黒ずんでいた。焦げないまま残った壁は南西の隅だけである。九九本の柱の台座の多くも壊されるか火の熱によって割れた。台座のなかでほぼ完全な形で見いだされたのは八個にすぎない。

部屋39でもすべての壁が激しい火炎の跡を示している。その残骸には黒焦げになった物が非常に多く含まれている。約一〇〇〇点の青銅製の鏃《やじり》が発見されたことから、この部屋

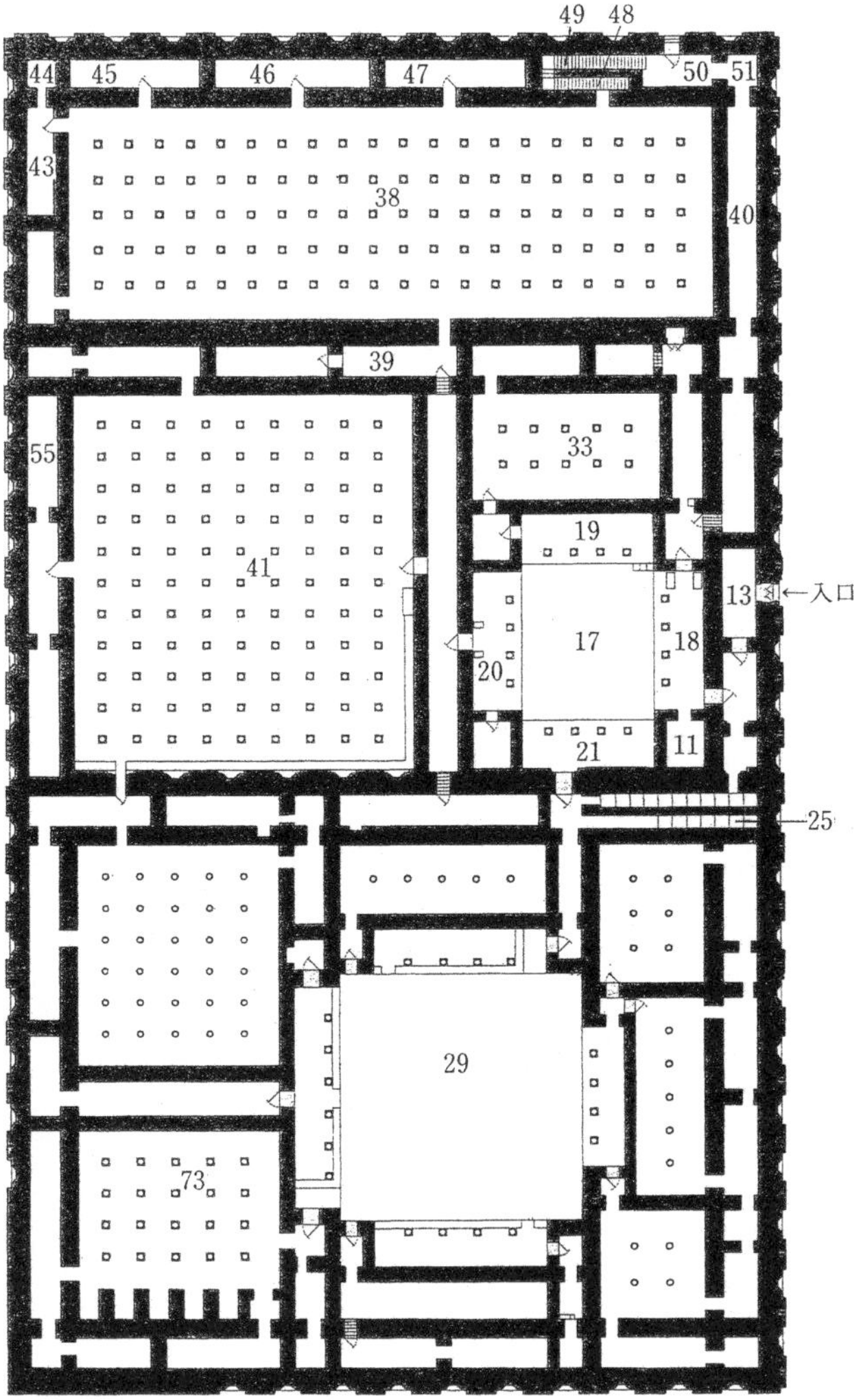
49
48
44
45
46
47
50
51
43
38
40
39
55
33
19
41
13
←入口
17
18
20
21
11
25
29
73

図16　宝　　　　　蔵

は武器の貯蔵室であることがわかる。したがって木炭の小片の大半は、矢の軸が燃えたあとの残り滓《かす》であろう。

建物の南の部分を見ると、広間73の二〇本の柱はすべて壊され、台座も一つを除いて壊されるか火によって割れていた。壁の表面も変色し、一部は焼きが入っていた。これ以外の部屋については省略する。

クセルクセスの後宮

東翼の部分で唯一火災にあったのは北端に位置する部屋8である。刃物や青銅製のバックル、釘といった出土物からみて、ここは道具部屋として用いられていたらしい（図17）。

西翼で火災の跡を示すのは、2、4、6、8の四つの部屋で、それぞれに隣接する補助室は焼けていない。部屋6の壁は床上七〇《セン》《チ》の高さまで黒く焦げ、部屋8の壁も床上一五〜五〇《セン》《チ》の高さまで焼きが入っていた。建物全体にわたる大火は確認されないが、少なくともこれら四つの部屋は別々の火によって入念に焼かれ破壊された。

結　論

以上見てきたような建物の破壊の跡から、放火の様態について何が言えるだろうか。

第一に、火災にあった建物はアパダーナ、玉座の間、宝物庫、後宮の四つである。アパ

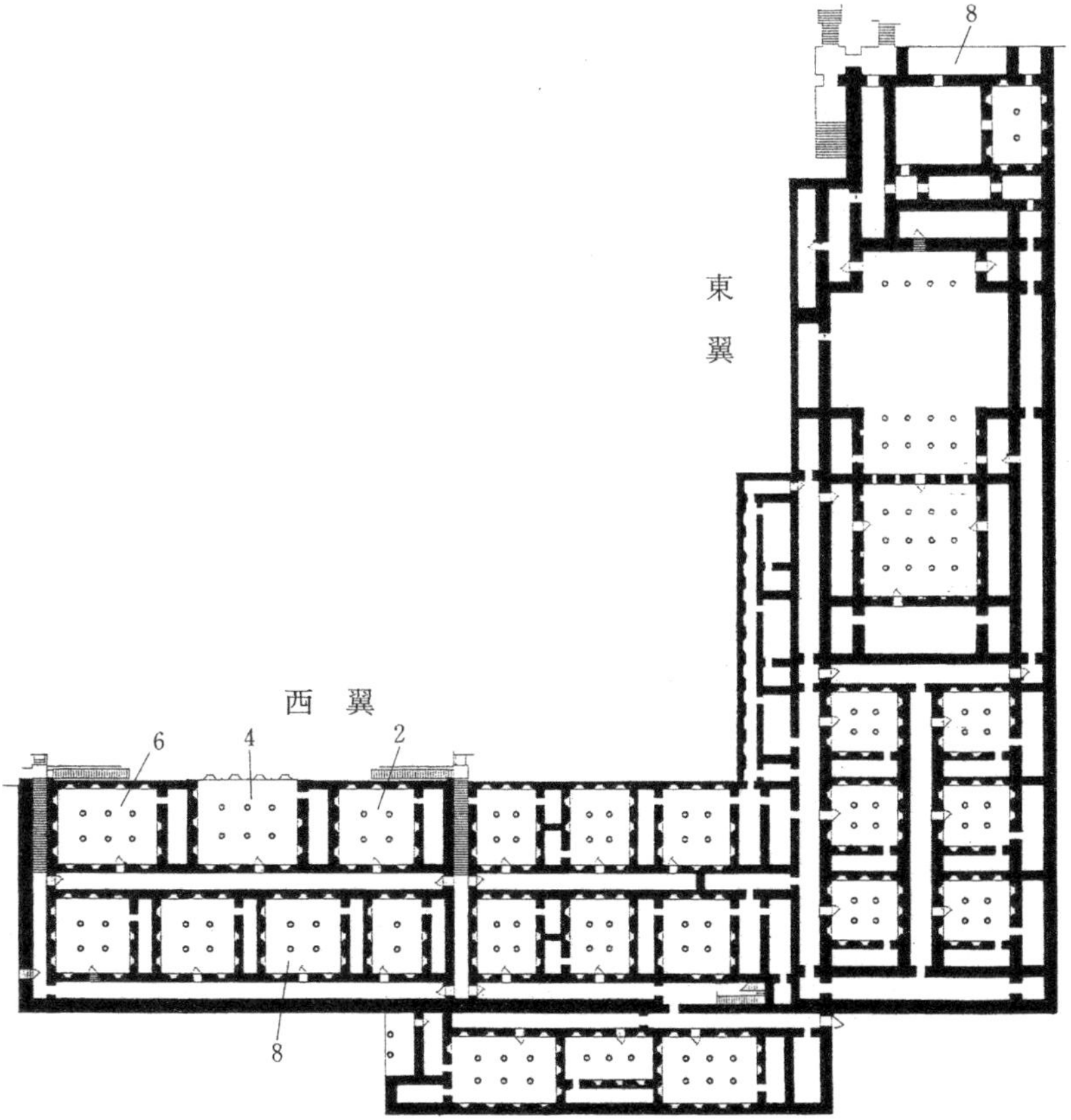

図17　クセルクセスの後宮

ダーナと玉座の間は前庭によって隔てられ、その間隔は三〇メートル以上ある。また玉座の間の基壇は、すぐ南の宝物庫が建っている基壇よりも二～三メートル高い。後宮の西翼部分は他の三つの建物のいずれからも離れて孤立している。

第二に、どれか一つの建物の火が別の建物に偶然燃え移ったという可能性は排除すべきである。

第三に、アパダーナの大広間の床が一様に燃えていることは、可燃物が床一面に置かれていたことを示唆する。

第四に、後宮以外の建物では、炎上した広間の柱もすべて破壊されている。

以上から、宮殿群に対する放火が衝動的・突発的に行なわれたとはとうてい考えられず、放火はあくまでも組織的・計画的に実行されたと見るべきである。したがって前章で検討した二つの伝承のうち、酒宴におけるタイスの扇動による放火という伝承は、後世の創作と見なければならない。よって熟慮のうえでの計画的な放火を伝えるアリアノスの記述が正しいことになる。なお大王とパルメニオンとの対話それ自体の真実性を完全に証明することはできないが、アレクサンドロスがパルメニオンを含む側近たちを会議に召集し、放火の是非について議論したという可能性は十分成り立つであろう。

略奪の痕跡

財宝の接収とは別に宮殿内の備品や調度類が略奪されたことは、発掘の結果が明瞭に示している。出土品から略奪の様態を検証して、放火との関連を調べてみよう。出土品には形をなした食器などはごく稀で、武器を除けばほとんどが金属製品の断片である。

アパダーナ

大広間南側の小部屋群で発見された出土品は、宮殿群における略奪全体の特徴をよく示している（図15）。

部屋10の大量の灰のなかからは、相当な量の青銅の断片が発見された。それらの大半は形をなさないただの塊であるが、いくつかは、円花飾りにはめ込まれていたらしい帆立貝状のくぼみを示している。これ以外には、金の留金が一六個、金箔の断片、甲虫形のビーズなどが発見された。部屋16では金箔と金の留金の断片が一面に散らばっていた。南東隅には円花で飾った重い黄金製のバンドが一個見つかったが、それは何かの木製品に留金でもって付けられていたに違いない。もっと薄くて平らな黄金の帯の破片もそのそばで見つかった。部屋12には炭化した大量の木が発見されたが、灰のなかからは、留金、金箔、黄金のベルトに加えて、金の細長い棒や鉛製のイアリングも発見された。さらに青銅のボウルも見つかったが、これは金属製の器としては稀な例である。通路17でも小さな金塊、円花で飾った青銅製のバンド一個が見つかった。

ようするにこれらの小物は、もともと家具・調度品の飾りであったが、略奪の間に不注意から床に落ちたり、あるいは捨てられたものなのである。黄金製の破片が多いことからみて、ここに収納されていた備品は相当に価値の高いものであったろう。それらが大広間における王の壮麗な公式行事に使われたことは疑いない。

略奪の様子を再現してみよう。兵士たちがアパダーナの収納室に入り、高価な家具・調度品から主に貴金属製の装飾品を引きちぎって持ち去る。ある物は価値がないと見なされて、その場に捨てられる。ちぎられた装飾品の破片が床にこぼれ落ちるが、持ち出しに忙しい兵士たちは誰もそれをかえりみない。残った木製の部分はそれぞれの部屋で何ヵ所かに集めておき、略奪が終わってからいっせいに火を付ける。どの部屋も炎で包まれ、木材や織物が燃えて大量の木炭と灰が積み重なる。略奪の際に床上に残された貴金属製品の断片は、これらの灰の下に埋まってしまう。

出土品の検討にもどると、大広間の南東隅からは次のような物が出土した。円花で装飾した青銅製のバンドが二個、穴のあいた平らな破片がいくつかと、同じ素材の鋲《びょう》、金箔の破片がいくつか、金の鞘《さや》の先端部、加工していない紫水晶の楕円形のかたまり一個、矢尻が二個。大広間でも調度品から貴金属製品がひきちぎられて、その破片が床に落ちたのだろう。それから広間一面を燃やすために家具や織物が並べられて火がつけられる。ここでもそうした破片は家具や織物が燃えたあとの灰の下に埋まったのである。

玉座の間

大量の木炭と灰が発見された場所は、大広間や補助室ではなく前庭に通じる列柱廊である。そしてこれらの灰の中からさまざまな品物が発見された。まず小さな彫刻ないしその断片が数多くある。ライオンの足、牡牛の頭、青銅製の四足獣の脚、美しくかたどられた青銅製の二頭の馬など。家具との関連では、ドアの把手に似た青銅製の断片が一つ。二枚の青銅の薄板には円花または星の装飾がほどこされ、家具にとりつけるための穴があいている。装飾用の薄板をとりつける金の頭のついた青銅の釘が二一個あり、これらは柱廊のいたる所で発見された。個人が身につけるアクセサリーは数が多い。四個の縞瑪瑙《しまめのう》、牛の形をしたラピスラズリのペンダント、奇妙な形をした金の飾り物、紅玉髄《こうぎょくずい》や紫水晶のビーズ、青銅製の腕輪と留金など。これ以外にも針のような道具や土器の破片なども見つかっている。

以上の出土品は明らかに、略奪者たちが大広間と補助室から収納物を列柱廊に運んだ時に、ここで失われたり捨てられたりしたものである。ちなみにこれら出土物の種類は宝蔵で見つかった物に似ており、宝蔵と玉座の間とが、それぞれ宝物の収蔵と展示という形で互いに関連していたことを示唆している。

宝蔵と後宮

宝蔵（図16）の部屋33では、すでに述べたように大量の楔形文書や粘土板札が発見されたほか、青銅製の約五〇〇個の鏃や家具・日用品が見つかった。広間41では王が用いる調度品、彫刻の破片、個人的なアクセサリー、武器など。部屋55からは小さな金の遺物が見いだされたが、収納物の痕跡は非常に乏しい。シュミットは、この部屋がここまで完全に略奪されていたという事実から、とりわけ貴重な品物がここに収納されていたのではないかと推測している。武器庫として使われていたことがわかるのは、部屋40、43、44、47、48、51である。

宝蔵で興味深いのは、略奪者たちの足跡がたどれることである。
宝蔵への入り口としては、もともと東側中央の玄関ホール13と、北東隅の玄関ホール50の二ヵ所があった。そして玄関ホール50からは屋上へ通じる階段49があったが、これはごく短い期間だけ使用された後に、安全上の配慮から厚さ五五㌢の壁によって塞がれてしまい、その後ホール50は武器の貯蔵室として用いられた。したがって宝蔵への出入りには東側のホール13だけが使われるようになった。宝蔵の内部から屋上へ上るには、中央部東側にある傾斜路25を使うことができた。

　しかるに階段室49と傾斜路25で、略奪者の落とし物と思われるよく似た品々が発見された。すなわち階段室49では一二個の花弁のついた金の円花飾りが六個、打ち出し細工の図案がついたバンドの破片、一本の小さな棒と、葉の形をした金の飾り、象眼をほどこしたラピスラズリのビーズ。傾斜路25では、金の破片、一二個の花弁のついた小さな円花飾り、板金の断片、横断面が正方形をした曲がった針金、小さな球状のもの、留め金、二個のビーズ、小さな環である。どちらの場所にも火災の跡はなく、これらの品々は略奪者が持ち運ぶ途中で落としたものである。つまりこのマケドニア人は建物の内部から略奪品をもって、まず傾斜路25から屋根へのぼり、屋根をまっすぐ北へ移動して階段49から下へ降りた。

そして階段室をふさいでいた壁をこわし、玄関ホール50を通って建物の外へ出たのである。マケドニア人たちは宝蔵の南側の部屋部屋から持ち出した略奪物を、中庭29に集めて選り分けた。実際ここで非常に多くの小物類が発見されており、これらは明らかに選別作業の間に失われたり捨てられたものである。個人的なアクセサリーが一面に散らばっていた。一〇〇個にのぼるビーズやペンダント、金のボタン、鉛の環、青銅の指輪。また象眼の材料や彫刻の断片、あるいは家具・調度類を飾っていた貴金属製の破片なども多数見られる。略奪者たちは好みの部分を自分のものにしてから、こうした小物類をちぎって捨てたのであろう。

　中庭29で捨てられた物のなかに、一枚の四角い石板の破片があった。しかもこれと同じ石板に属する四つの破片が、この中庭のすぐ西の広間73で発見された。復元された石板は高さ一八センチ、幅三八センチ、厚さ三センチほどで、表面には英雄ヘラクレスとアポロン神の戦いの場面が細いとがった線で刻まれている。この線は彩色する前の下書きなのであろう。左側にはヘラクレスが棍棒を持って立ち、右側の弓をもったアポロンの方を振り返っている。右端にはアポロンの姉妹アルテミスが手を差し伸べている。これは前六世紀のギリシアで好まれた主題で、その様式から紀元前五〇〇年ごろの作品と見られる。しかし石自体はペルセポリス周辺にある暗い灰色の石灰岩なので、これがギリシアからもたらされたわけではない。この作品を検討した学者は、これはギリシア人の画家がギリシア人のために描いた絵の下書きであると推測している。おそらくペルシアの宮廷に亡命したりそこで雇われていたギリシア人の誰かがその製作を注文したが、その人物が大王の寵を失ったり死んだ後に、他の持ち物とともに宝蔵に収められたのだろうという。ともかくギリシア風絵画の下絵など、マケドニア人兵士にとっては何の価値もない。それゆえこれは捨てられて、破片が二ヵ所に散らばって残されたのであろう。ちなみにヘラクレスの胴体を描いた断片は、一九四一年にペルセポリスの他の発掘品の一部とともにアメリカへ船で運ばれる途中、潜水艦によって沈められた。

　中庭29自体の壁には火災の跡はないが、宝物庫が炎上した直後には、まわりの部屋の崩れた壁や柱、屋根の残骸などが中庭の床の周辺部分をおおったであろう。この時点では、マケドニア人が残したがらくたを除けば、屋根のない中庭の中央部にはまだ何も残骸はなかったはずだ。しかしペルセポリス炎上ののち数世紀の間に、残った壁もしだいに崩れ、冬の激しい雨が建物のまわりの部分の泥煉瓦と瓦礫を中庭の方へと押し流した。こうして残骸はやがて中庭全体を埋め尽くし、西側部分では二メートル、東側では三メートルの高さに達した。

同じ条件にあった中庭17でも同様な経過があったことだろう。

また、クセルクセスの後宮（図17）では、西翼の四つの部屋が焼かれたが、ここでの出土品はごくわずかである。シュミットは、ペルセポリスが征服された時にこれらの居住区に人がいたという考えに疑問を呈している。

結論

以上のような出土品の状況から、宮殿の略奪について何が言えるだろうか。アパダーナや玉座の間、宝物庫の床に貴金属製の小物類が多数散乱していたという事実は、略奪がきわめて短い時間のうちに大急ぎでなされたことを示している。兵士たちはめぼしい物だけを持ち去って、彼らが捨てたり落としたりした小物類は床上に放置された。そして火災の後には木炭や灰が床に分厚く堆積する。灰におおわれた小物類を捜しに戻るような者は一人もいなかった。以上はハモンドの解釈であるが、これについては私もハモンドに完全に同意する。

右の推論が正しければ、略奪と放火の時間的間隔はきわめて短かったことになる。なぜなら略奪が大急ぎでなされた理由としては、その直後に放火が予定されていたこと以外には考えられないからである。そして廃墟となった宮殿跡で灰をかき回す者はいなかったとすれば、放火の直後にマケドニア軍はペルセポリスを発ったと解釈するのが正しい。もっともそこには三〇〇〇人の駐留軍がとどまったのであるが、彼らも宮殿跡に立ち入ることはなかったか、あるいは立ち入りが禁止されていたのであろう。

よって結論はこうなる。アレクサンドロスは宮殿から金銀の塊や重要な貴金属製品を接収し、荷駄を用いてこれらをエクバタナへ運ぶ手はずを整えた。そして五月下旬のある日、ペルセポリスから出発する直前に、兵士たちに一日だけの略奪を許した。その翌日、あらかじめ計画していたとおり、アパダーナ、玉座の間、宝物庫、後宮の四つの建物に火を放つ。廃墟と化した宮殿群をあとに、マケドニア軍はダレイオス追撃のためペルセポリスを出発した。

それでは王宮の放火と破壊はいったい何のためになされたのか。次に放火の動機という問題に移ることにしよう。

放火の動機

政治宣言か復讐か

動機をめぐる諸学説

ペルセポリス王宮への放火の動機については、これまで多くの学者たちがさまざまな解釈を提出してきた。ペルセポリスがペルシア王国発祥の地にあり、しかもアケメネス王朝の精神的象徴であるだけに、これを焼き払うという行為がなんらかの政治的意味を帯びることは当然である。放火そのものがアレクサンドロスの熟慮による計画的行為であったことがすでに実証された以上、次の問題は、アレクサンドロスがいったい何を目的として、言いかえればいかなる動機から放火に踏み切ったのかということである。これまで提出されてきた学説は、おおまかに次の四つに整理することができる。

第一に、アジアの諸民族に対してペルシア人の支配が終わったことを告げようとしたという「対アジア政治宣言」説。

第二に、かつてのペルシア戦争に対するギリシア人の復讐が成し遂げられたことを宣言したという「対ペルシア復讐」説。

第三に、当時スパルタが起こしていた反乱＝アギス戦争の拡大を防ぐため、東方遠征はあくまでもギリシア人のために遂行しているのだということを、とくにアテナイに向けてアピールしたという、「対ギリシア人アピール」説。この説は「対ペルシア復讐」説をふまえながら、紀元前三三〇年初めのギリシア本土における具体的な政治情勢に放火を関連づけたものである。

第四に、占領したペルシス地方のペルシア人がアレクサンドロスへの服属を拒否したことに対する懲罰であったとみる、「対ペルシア人懲罰」説。

以上四つの学説について当否を検討することにしよう。

対アジア政治宣言説

これは、それまでペルシア人の支配に服してきたアジアの諸民族に対し、ペルセポリス放火によって今こそアケメネス朝の支配が終焉したことをアレクサンドロスが告げたとする説である。これを「アジアに対する政治宣言」と呼んだのは、今世紀半ばのアレクサンドロス研究に最も大きな影響を与えたイギリスのW・W・ターンである。また別の学者は、アジアにおけるアンシャン＝レジーム（旧体制）の象徴であったペルセポリスを破壊することは、古い秩序が去ったことを示し、マケドニア軍に抵抗しようとするペルシア人の士気をくじくのに役立ったと述べる。さらにアレクサンドロスにアジア諸民族の解放者という役割を与える説もある。

しかしこうした解釈は、アレクサンドロスの新しい政治路線と矛盾するという問題がある。ガウガメラの戦いで勝利して以来、アレクサンドロスは旧ペルシア支配層との協調路線をとるようになっていたからである。この路線転換をよく示すのが総督の任命である。彼は征服した地域において基本的にペルシアの行政組織を継承してきたが、最初のうちは、各属州の長である総督には主に側近のマケドニア人を任命してきた。たとえば最初に征服した小アジアのフリュギア＝ヘレスポントスにはカラスを、小アジア中央部の大フリュギアには、後の後継者戦争で重要な役割を果たすアンティゴノスを任命した。カリア地方においてだけマケドニア人ではないアダという女性を任命したが、彼女はペルシア人ではなく、それまでカリア総督の地位を世襲してきたヘカトムノス家という土着の家系に属している。

しかるにアレクサンドロスはバビロンにおいてはじめて、ペルシア帝国高官のマザイオスをバビロニア州の総督に取り立てた。マザイオスはかつてアルタクセルクセス三世（在位、前三五九～三三八年）の下でキリキアとシリアの総督を務めた大王側近の有力者である。ガウガメラの戦いではシリアとメソポタミア地方の全シリア人の指揮をとっており、これら複数の属州を含む広域行政権を与えられていたらしい。それからアレクサンドロスは、スサを首都とするスシアナ州でも同じくペルシア人であるアブリテスを、ペルセポリスの位置するペルシス州ではフラサオルテスをそれぞれ総督に任命した。こうしてペルシア人貴族たちを登用したということは、アレクサンドロスがペルシア人支配層の忠誠をとりつけて、彼らを今後の支配体制の構築に協力させるという新しい政治路線を採用したことを示している。これ以後東方協調路線として展開していく彼の路線は、ペルセポリスに到着した時にはすでに具体的な姿を現わしはじめていたのである。

こうした事情を考慮すると、ペルセポリスの王宮を意図的に焼き払うという行為はむしろアレクサンドロス自身の新しい路線を傷つけることになろう。少なからぬ学者が論じるように、アレクサンドロスはすでにアケメネス朝の正統な後継者として立ち現われていた以上、ペルセポリスの都を破壊するのでなく保存しなければいけなかったはずであるから。

P・グリーンは、放火という行為は、アレクサンドロスが平和的な手段でもって自分をアケメネス朝の後継者として正当化する機会を破壊し、東方諸州におけるペルシア人の絶望的な抵抗を引き起こしたとさえ述べている。

他方で、古い体制が終わり新しい体制が始まったことをアジア諸民族に知らしめるという観点からすれば、ペルセポリスを破壊することに積極的な意味を見いだすことも可能である。しかしアケメネス朝の征服でなく継承に転じて旧体制の支配層と協調することを重視するのであれば、王宮の略奪だけならまだしも王宮そのものの破壊はじつにまずい選択であったと言わねばならない。以上から、ペルシア支配の終焉と諸民族の解放を告げるために王宮に放火したという説は支持することができない。

対ペルシア復讐説

これについては、すでに何度も言及してきた。そもそも東方遠征の大義名分は、ペルシア戦争においてペルシア人がギリシアの神殿を焼き払うといった神聖冒瀆を働いたのに対して、その復讐を果たすというものだった。ギリシア人も、前三三五年のコリントス同盟の総会において、アレクサンドロスを遠征軍の総帥とすることを決議していた。この決議にしたがって、ギリシア人はマケドニアの同盟軍として遠征に参加したのである。

図18　南から見たクセルクセスの宮殿

手前右がクセルクセスの後宮の跡．基壇の差は約10メートル．

古典史料も、宮殿放火をペルシア人への報復として描いている。計画的放火を伝えるアリアノスも、衝動的放火を描くその他の史料もこの点で一致する。さらにペルセポリスから出発した後、エクバタナにおいてアレクサンドロスはギリシア同盟軍を解散し、従軍志願者をあらためて遠征軍に登録した。これはペルセポリスを後にした時点で遠征の性格が変わったこと、もはやギリシア人向けの大義名分は不要になったことを示している。ここから逆に、王宮放火がペルシアへの復讐遂行の頂点であったと見なすことができる。

クセルクセス宮殿の破壊の跡

もう一つ、クセルクセスの宮殿の発掘結果も貴重な示唆を与えてくれる。この建物には火災の跡は見られないが、柱廊の屋根をささえていた八本の円柱が跡形もなく消えていた。柱身も柱頭も、彫刻をほどこしたトルソといわれる部分も、ただ一つの断片さえ床上には残されていないのである。さらに大広間の柱は台座までもがきれいに取り払われていた。これらの柱の残骸が発見されたのは、すぐ南にある後宮の建物の上である。クセルクセスの宮殿の基壇は後宮のそれより一〇メートルあまりも高い。したがって宮殿の柱はいったんバルコニーに運ばれ、そこから後宮の屋根の上、あるいはすでに破壊された後宮の残骸の上に放り投げられたのである。こうしてクセルクセスの宮殿は、シュミットの言葉を借りるなら、「とりわけ復讐心にみちた徹底さ」でもって破壊されたのである。

ただしシュミット自身がこれとは別の解釈も可能であることを指摘している。すなわち後世の近隣住民たちがこれらの石を持ち去ったとも考えられるのである。実際に発掘された円柱の断片は数本分しかないのに、宮殿の柱廊と大広間をささえていた円柱は全部で四八本もあった。したがって発掘の結果は、破壊の「徹底さ」を証明するには不十分であることを認めないわけにいかない。しかしわれわれとしては、もっとも徹底的に破壊されたのがクセルクセスの宮殿であることに注目せずにはいられない。なぜなら、前四八〇年にペルシア軍を率いてギリシアに侵攻したのはこのクセルクセスであり、王宮放火の目的がその復讐にあったという古代史料の一致した記述を傍証してくれるからである。

こうして遠征軍の大義名分も、古典史料の記述も、遠征のその後の経過も、発掘の成果も、すべてがペルシアに対するギリシア人の報復という動機を証明しているかのようである。

放火の時期との矛盾

しかしこの解釈を受け入れるとすると、ここに一つ問題が生じる。すでに見たように、王宮への放火はペルセポリスを出発する直前の前三三〇年五月になされた。しかしペルシア人への報復のために放火するのであれば、ペルセポリスを占領した直後の前三三〇年一月が最もふさわしいはずであろう。報復戦争の完遂を宣言するのに四ヵ月も待つというのは不自然である。ペルセポリスを発ち、いよいよダレイオスを追撃するという時になって、なぜわざわざ火を放つ必要があったのだろうか。対ペルシア復讐説は、実際の放火の時期にそぐわないのである。

五月の時点でギリシア人に向けて放火が行なわれたのであれば、たんにペルシア人への報復という一般的な意味にとどまらない、何かもっと強い、具体的な動機が必要ではないか。そこで提起されたのが第三の説である。

対ギリシア人アピール説

王宮放火の動機についての第三の説は、前三三一年にスパルタ王アギスが起こした反マケドニア蜂起＝アギス戦争に放火を関連づけるというもので、一九六七年にイギリスのＥ・ベイディアンが提出した学説である。

アギス戦争の再構成

前三三八年にマケドニアがギリシアを征服した後も、スパルタだけは服属を拒否し、フィリッポス二世が作り上げたギリシア支配の体制であるコリントス同盟にも唯一参加しなかった。こうしてスパルタはギリシア諸国のなかで孤立した。しかしアレクサンドロスが東方遠征に出発すると、アギス王はペルシア側とも連絡を取りながら密かに反乱の準備を開始した。彼はエーゲ海を渡って小アジア方面に赴き、前三三三年秋、イッソスの戦いの直前にペルシア艦隊の司令官ファルナバゾスと会見して、資金と艦隊による支援を取りつけた。翌年には、イッソスの会戦から生き延びたギリシア人傭兵八〇〇〇を手に入れてクレタ島へ渡り、クレタの諸都市を味方に付けた。

前三三一年夏、東征軍への援軍として一万五〇〇〇の兵がマケドニアを出発した時を見計らって、アギスはペロポネソス半島で蜂起した。彼の兵力は歩兵二万、騎兵二〇〇〇におよび、マケドニア人の支配からギリシア人の自由を取り戻すことを旗印としていた。アギスの軍隊はまずコリントスに駐留していたマケドニア軍を破り、それからペロポネソス半島の大半の諸都市を獲得してから、スパルタに与《くみ》しなかったメガロポリスを包囲した。

マケドニア本国では、アレクサンドロスの遠征中は長老のアンティパトロスが代理統治を担当していた。彼の手持ちの兵力は歩兵一万二〇〇〇、騎兵一五〇〇で、反乱軍を下回っていた。しかもアギスの蜂起とほぼ同時に、王国東部のトラキア地方を管轄していた将軍メムノンが現地住民を巻き込んで反乱を起こした。このためアンティパトロスはまず全軍を率いてトラキアへ向かうことを余儀なくされ、アギスへの対応は遅れた。アレクサンドロスが蜂起の報せを受けたのは、エジプトを発ってフェニキアのテュロスにいた時のことである。彼は直ちにマケドニア艦隊を送り出し、さらにフェニキアとキプロスの艦隊計一〇〇隻をペロポネソスに派遣した。

アギスにとって反乱成功の鍵を握るのは、強力な艦隊をもつアテナイが同調するかどうかであった。彼はアテナイに使節を送って決起を促したが、アテナイはついに応じなかった。一方、アンティパトロスはメムノンとの交渉によってひとまずトラキアの反乱を抑えることに成功し、それから四万におよぶマケドニア・ギリシア連合軍を率いて、アギスを倒すべく南下した。両者の決戦はペロポネソス半島の真ん中に位置するメガロポリスで行なわれ、スパルタ側は五三〇〇人以上が戦死して敗北した。アギスも負傷し、膝をついたまま楯と槍で防戦したが、包囲攻撃を受けて最後を遂げた。こうしてアレクサンドロスの治世におけるギリシア最大の反乱は終息したのである。

アギス戦争については、アレクサンドロス史料においても断片的な記述が残っているにすぎない。しかも後にアレクサンドロスがこの戦いを「鼠《ねずみ》の喧嘩《けんか》」などと呼んでアンティパトロスの功績を軽視したため、十分な注意が向けられてこなかった。それゆえこの事件の重要性に着目し、その経過を可能なかぎり復元したことはベイディアンの大きな貢献である。それにとどまらず、アギス戦争が東方遠征の経過にも無視できない影響を与えていたことを明らかにした点に、ベイディアンの研究の画期的な意義がある。それによると、アギス戦争は前三三一年秋に終結したにもかかわらず、翌年初めにペルセポリスに着いたアレクサンドロスのもとにはその報告は届いていなかった。アレクサンドロスにとっては、反乱がこれ以上拡大すること、とりわけアテナイが反乱に合流することを何としても阻止しなければならない。そこで彼はペルセポリスの王宮に火を放ち、この遠征の目的はあくまでもギリシア人のためペルシアに報復することだということ、この目的を自分が忘れてはいないことを改めて示そうとした。すなわち王宮放火は、反マケドニア戦争の渦中にあるギリシア人に向けた政治的アピールだったというのである。

アギス戦争の年代

ベイディアンのこの論文が一九六七年に発表されて以後、アギス戦争と王宮放火事件との関連をめぐって活発な論議が起こった。論争の焦点となったのは、古代史研究ではよくあることだが、年代の問題である。アギスが敗れたメガロポリスの会戦はいつ起きたのか。ディオドロスが、ガウガメラの戦いの後でアギスの蜂起について述べているのに対し、クルティウスは、この戦いの前にアギスは敗北したと述べている。ガウガメラの戦いは前三三一年一〇月一日のことである。ベイディアンはクルティウスの記述を採用して、反乱が鎮圧されたのはこの年の秋のことであるとした。他方でベイディアンは、アレクサンドロスが反乱終結の報せを受けたのは、前三三〇年の夏、遠征軍がペルシアを発ってエクバタナへ向かう途中のことであるとする。この時に本国からの新たな増援部隊が合流しているので、彼らからギリシア情勢を知らされたというのである。

要するにベイディアンによると、アギス戦争は前三三一年秋に終わり、その報せがアレクサンドロスのもとに届いたのは前三三〇年夏である。第一報が王に着くまで八ヵ月以上もかかったことになる。問題はこの時間的間隔があまりに長いことだ。

当時マケドニアからの軍隊が陸路でスサへ着くのに三ヵ月かかった。急使なら二ヵ月の行程である。いくら真冬のザグロス山脈を越えねばならないとはいえ、半年以上もの間アレクサンドロスが西方との連絡を断たれた状態にあったとは考えられない。ベイディアンは自説を正当化するために当時の通信事情の困難さを強調したが、当然のごとく彼の年代設定は他の学者から厳しく批判された。

とはいえペルセポリスに到着した前三三〇年一月の時点では、アレクサンドロスがアギス戦争の結末をまだ知らなかったことは確かである。前三三一年一二月に彼はスサから命令を出し、シリア方面の総督を通して本国のアンティパトロスに戦費を送っている。このスサにおいて本国からの増援部隊が合流しているので、アレクサンドロスはこの部隊からギリシア情勢を詳しく伝えられ、はじめて事の重大さを認識したのであろう。そこで問題は、アギス戦争がいつ終わり、戦争終結の報せをアレクサンドロスが受け取ったのがいつなのか、ということである。

同時代史料による検証

解決の手がかりはまったく別の文脈から得られた。G・L・コークウェルが一九六九年の論文において、アギス戦争が前三三〇年の春まで続いていたことを同時代史料にもとづいて証明したのである。またアギス戦争の勃発の時期についても、それまで前三三一年春とされてきたのを同年夏に修正し、戦争全体の年代をそれまでよりも半年ほど繰り下げたのであった。彼の議論は次のようなものである。

前三三七／六年、アテナイの弁論家アイスキネスは、彼の政敵デモステネスが国家への功績のゆえに冠を授与されたのは違法であるとして、この加冠決議を提案したクテシフォンを告訴した。この訴訟はなんらかの理由でその後六年間棚上げされ、実際に法廷が開かれたのは前三三〇年夏のことであった。この時の弁論の中でアイスキネスはアギス戦争に言及し、アレクサンドロスのもとへ送られるはずのスパルタ人の人質がまだギリシアから出発していないことに触れている（『クテシフォン弾劾』一三三節）。

アギス戦争が終わった後、アンティパトロスはスパルタに対する処置をコリントス同盟の決定に委ねたが、同盟総会はその決定をアレクサンドロス自身に求めることにした。と同時に、最終決定が下されるまでの間、スパルタ人五〇人が人質としてアレクサンドロスのもとへ送られることになった。もしもアギス戦争が前三三一年秋に終わっていれば、アイスキネスが法廷弁論を行なった前三三〇年夏までには、人質はとっくに東方へ出発していたはずである。コリントス同盟の総会がすぐに開かれなかったとか、総会の決定の実施が半年以上も遅れたということは考えにくい。したがってアギス戦争の終結はアイスキネスの弁論にできるだけ近い時点に想定せざるをえない。こうしてアギス戦争は前三三〇年の遠征シーズンの当初、つまり春ごろに終わったと考えられる。

以上のようなコークウェルの論証は、法廷弁論という同時代史料にもとづいているだけに大きな説得力がある。彼の年代設定は戦争勃発の年代とともに、その後ハモンドやボスワースといった有力なアレクサンドロス研究者によって受け入れられた。それに従えば、アギス戦争が終結した前三三〇年春にはアレクサンドロスはちょうどペルセポリスに滞在中であり、五月にそこを出発した大王のもとには、まだギリシアからの情報は届いていなかった。したがってアレクサンドロスがアギス戦争の帰趨《きすう》を念頭におきながら、ギリシア人への政治的アピールとして王宮に放火したというベイディアンの説は、この新しい年代設定のもとではじめて有効性をもつことになろう。ベイディアン自身も最近この四半世紀の論争を総括し、コークウェルの年代を採用することによって、あらためて自説の正しさを再確認している。すなわちペルセポリスにおいてアレクサンドロスは、ギリシア情勢の行方を見守っていた。そして滞在四ヵ月におよび、いよいよダレイオス追撃に出発しなければならなくなった五月、反乱の拡大を阻止するために、反乱の渦中にあるギリシア人とりわけアテナイ人に対して、この遠征があくまでもギリシア人のための報復戦争であることを示す政治的アピールとして王宮を焼き払ったというわけである。

ベイディアン説への疑問

対ギリシア人アピール説は、前三三〇年前半の具体的な政治情勢のなかにペルセポリス放火事件を位置づけたという点で、きわめて魅力的な学説である。私自身もつい最近まで、この説が最も説得力をもつと考えてきた。しかしこれにも問題がないわけではない。先に述べたように宮殿への放火は、ペルシア人支配層との協調というアレクサンドロスの新しい政治路線とは両立しない。にもかかわらず、それを承知でアレクサンドロスが放火を決行したということは、政治的重要度においてアギス戦争の終結とギリシア本土の安定の方を、東方との協調路線よりも優先させたということになる。しかしそもそも当時のアレクサンドロスの政策のなかで、本当にギリシアがそこまで大きな位置を占めていたのだろうか。協調路線を犠牲にするほどの価値がギリシアにあったというベイディアンの想定自体を疑ってみる必要がありはしないだろうか。それにアレクサンドロスのアピールなるものも、アテナイ人に対して有効に作用したとはとうてい考えられない。アテナイ人がアギス戦争に参加しなかったのは、その時点で反乱に加担することは得策でないという現実的な政治判断によるものだった。アテナイ人がペルセポリスの放火に感銘を受けて蜂起を思いとどまるだろう、などという見通しは、あまりにもナイーブと言うべきではないか。

ペルセポリスを占領した時点で、ペルシアへの復讐という遠征当初からの目的は達成され、アレクサンドロスの前には東方遠征のさらなる遂行と、旧ペルシア帝国支配層との協調体制の構築という二重の課題が生まれていたはずである。すなわちアレクサンドロスにとって、ペルシアへの復讐というスローガンは建前の上でももはや過去に属するのであり、未来につながるものではなかった。その彼がなぜ宮殿に火を付けてまでギリシア人のために配慮する必要があったのか。そこでアレクサンドロスとギリシア人との関係についてあらためて整理してみたい。

アレクサンドロスとギリシア人

アレクサンドロスが少年時代からギリシア文化に深く傾倒していたことについては、多くの証言がある。彼は一三歳から一六歳にかけてギリシア最大の学者アリストテレスに学び、ホメロスの叙事詩やエウリピデスの悲劇をはじめとする文学に親しんだ。前三三八年、父王フィリッポス二世がカイロネイアの戦いに勝利してギリシア征服を達成した後には、アレクサンドロスは使節の一人としてアテナイを訪れている。東方遠征中もイリアスの叙事詩を枕元におき、アジアで手に入らない書物は部下に命じて送らせた。個人としてのアレクサンドロスが、洗練されたギリシア文化に心から傾倒していたことは疑いない。

また政治的軍事的にも、同盟軍としての兵力や優秀な海軍力の提供といった点で、ギリシア人が遠征軍のなかで無視できない位置を占めていたことも、あらためて説明する必要はない。実際アレクサンドロスはギリシア向けの政治宣伝には十分に気を配った。たとえば前三三四年グラニコスの勝利のあとでは、この勝利は自分にとってもギリシア人にとっても等しい価値をもつと考えて、戦利品の盾三〇枚をアテナイ人に贈った。前三三一年にスサを占領した時には、かつてペルシア軍がアテナイから持ち去った彫像を発見し、それをアテナイに送り返すよう命じた。その彫像とは、前六世紀末に僭主政《せんしゅせい》を倒すことに功績のあったハルモディオスとアリストゲイトンという二人の若者の像で、この二人はアテナイ人にとっては僭主政の暴虐から祖国を解放した英雄なのであった。また前三三一年のガウガメラの勝利のあとでは、ペルシア戦争で戦場となったプラタイアの都市を復興すると宣言した。プラタイアは前四世紀半ばにテーベによって破壊されていたのである。たとえ政治的宣伝にすぎなかったとしても、自分が常にギリシア人のことを心にかけていることを彼は機会あるごとに示してきた。

しかしその一方で、ギリシア人はアレクサンドロスにとってまぎれもない敵として現われたという事実を見逃すわけにはいかない。彼がマケドニア王に即位すると、本土のギリシア人は弱冠二〇歳の彼を軽蔑し、離反の動きが広まった。前三三五年にはテーベが反乱に立ち上がった。これに対してアレクサンドロスはテーベを陥落させた後、見せしめとして都市を徹底的に破壊し、住民三万人を奴隷として売り払った。

東方遠征においても、アレクサンドロスはたえずギリシア人と戦わねばならなかった。前四世紀の東地中海から西アジアにかけて、ギリシア人は優秀な歩兵として高い評価を得ており、各地で傭兵となって生計を立てていたのである。前三三四年のグラニコスの戦いでは、五〇〇〇人のギリシア人傭兵がペルシア側につき、川から二キロ後方の丘に配置されていた。ペルシア人部隊が敗退した後、彼らはアレクサンドロスに降伏を申し入れたが、アレクサンドロスはギリシア人の大義に対する裏切り者であるとして彼らを許さず、戦闘によってこれらの傭兵を殲滅してしまった。しかも生き残ったギリシア人二〇〇〇人をマケドニアへ送り、懲罰として強制労働を命じたのである。このため、すでにペルシア側に雇われていたギリシア人は、これ以後マケドニア軍に対して絶望的な抵抗に走るようになる。事実アギス戦争には、前三三三年のイッソスの戦いを生き延びたギリシア人が多数参加しており、その数は八〇〇〇にもおよんだ。

こうしてアレクサンドロスにとって、ギリシア人は二面性をもつ存在であった。一方でギリシア人は文化的に尊敬すべき対象であり、政治的にも周到に配慮しなければならない民族である。しかし他方で彼らは、マケドニアの支配に反抗したり、たやすく祖国の大義を裏切って宿敵ペルシアに味方する、油断のならない者たちでもある。こうした二面性をふまえるなら、ペルセポリス滞在中のアレクサンドロスがギリシア情勢の安定を政治的に最優先したというベイディアンの学説は、いささか単純すぎるのではなかろうか。放火の決定には、ギリシア情勢よりもさらに深刻な問題がからんでいたのではないのか。そこで浮かび上がるのが、P・ブリアンの唱える第四の学説である。

対ペルシア人懲罰説

ペルシス住民とアレクサンドロス

ブリアンの主張は、ペルシス地方に住むペルシア人が貴族も民衆もこぞってアレクサンドロスの支配を受け入れず、彼に抵抗した。アレクサンドロスも彼らを帰順させることに失敗した。怒った彼はペルシア人への懲罰という意味をこめて王宮に火を放った、というものである。

その根拠としてブリアンは、ディオドロスとクルティウスの記述を引用している。まずディオドロスは、「彼（アレクサンドロス）は住民に対して強い憎しみを抱き、彼らを信用せず、遂にペルセポリスを完全に破壊することを欲した」（第一七巻七一章三節）と述べている。またクルティウスは、「彼が征服した者たちが、つい最近服属したばかりで新しい支配を拒否していた」（第五巻七章二節）と書いた後に、放火の舞台となる宴会に筆を進めている。ペルセポリス都市部の住民がアレクサンドロスの「支配を拒否し」、他方でアレクサンドロス自身も「住民に対して強い憎しみを抱」いていたというのである。「王宮放火の真相」の章で述べたとおり、ディオドロスもクルティウスも放火事件をクレイタルコスという興味本位の伝記作家に依拠して記述した。したがってここに引用した記述の内容が成り立つかどうかについて、十分に吟味する必要がある。

ペルシス地方の住民がアレクサンドロスの支配を拒否したとすれば、その原因は何であろうか。第一に彼らの誇り高さが挙げられよう。ヘロドトスに次のような記述がある。

> ペルシア人は自分自身につづいては、最も近い諸国の民族を一番尊重する。次は二番目に近いものというふうに、距離に応じて評価を下げてゆくのである。それで自国から最も遠くに住む民族は軽んずるわけで、それは彼らが自分たちは世界中でいかなる点においても格段に最優秀の民族であり、他の民族は今いったように距離に応じてその持つ長所の度合いが変ってゆき、自分たちから最も離れているものは最も劣等だと考えているからである。（『歴史』第一巻一三四章、松平千秋訳）

もっともヘロドトスはこのすぐあとで、「世界中でペルシア人ほど外国の風習をとり入れる民族はいない」と述べているので、なにもペルシア人が人種差別主義者というわけではない。それでも右の記述から、彼らの誇り高い意識だけは十分にうかがえる。しかもペルセポリスの位置するペルシス地方は王国発祥の地であり、壮麗な宮殿群は彼らの精神的支柱である。ペルシア人のなかでもとりわけペルセポリス在住のペルシア人の気位、矜持《きょうじ》にはきわめて高いものがあったろう。遠く西の辺境からやって来た外国人のアレクサンドロスごときは、たんなる王位簒奪者に見えたとしても不思議はない。

しかしこのような意識は、アレクサンドロスに対する反抗の一般的条件にすぎない。第二の、より直接的な要因として、マケドニア軍による略奪を挙げるべきである。それまでバビロンもスサもアレクサンドロスの前に自ら城門を開き、アレクサンドロスの方でもこれらの都市を平和的友好的に扱って、兵士に略奪を許さないできた。ペルセポリスもまた自発的にマケドニア軍を受け入れた以上、略奪を受けるはずがないとペルシア人は考えたであろう。ところがアレクサンドロスは都市部における略奪を兵士たちに許可した。すでに述べたように、アレクサンドロスの許可には彼なりの理由があった。兵士たちに征服者としての褒美を与えてそれまでの欲求不満を解消し、今後の遠征継続を促すという狙いである。しかし地元のペルシア人にとってはこれはまったく予想外の、寝耳に水の出来事であった。ペルシス州の住民たちが、貴族も民衆もこぞってアレクサンドロスに抵抗する条件はこうして生まれたと考えることができる。

ペルシス住民の意識がこのようなものであったとすれば、先に引用したディオドロスとクルティウスの一節は、当時の実情の一端を伝えるものとして受け入れてよいだろう。

アリストテレスの書簡

もう一つ、ブリアンが依拠する興味深い史料がある。それはアリストテレスがアレクサンドロスに宛てて書いたとされる書簡である。これはアラビア語のテキストで、一八九一年にドイツのリッペルトがヴァチカン写本にもとづいてラテン語に訳し、注釈をつけてはじめて公刊したものである。しかしこの書簡は偽作であるとの批判を受けて、長らくかえりみられないできた。しかるにイスタンブールで新たに発見された良質の写本をポーランドのJ・ビエラウスキーが校訂・翻訳し、M・プレジアが注釈をつけて、一九七〇年にフランス語で公刊した。これがきっかけで、この書簡は再び学問的検討の対象となったのである。写本の題名は、「諸都市に対する政策についての、アリストテレスのアレクサンドロスへの書簡」である。その真偽や年代については議論があるが、ここでは立ち入らない。このなかでブリアンが注目したのは、アリストテレス（ないし彼の名をかたる作者）がアレクサンドロスに、ペルシア人への懲罰として彼らを故国から強制移住させるよう勧告している箇所である。ブリアンの論文によって、フランス語から訳してみよう。

　また私が考えるに、もしもそなたがペルシスの住民を父祖以来の居住地から移住させるなら——全住民の移動が不可能であれば、少なくとも彼らの相当数を権勢ある名望家とともに移住させるなら——、そして彼らをリビアやヨーロッパの諸地方に定住させるなら、それはそなたの支配にとって有益であり、そなたの記憶と偉大さを強固なものとするのに貢献するであろう。（第九章一節）

強制移住を勧告する理由として、書簡の執筆者は、かつてペルシア人がミレトス人やエレトリア人を故国から追放してペルシア領内に住まわせたという事実を挙げ、今度はペルシア人に復讐すべきことを説いている。ペルシア大王がいくつかのギリシア人集団を強制移住させたことは事実であるが、これについては次章で触れる。

　アリストテレスは少年時代のアレクサンドロスの教師であったばかりでなく、王となったアレクサンドロスのために、「王権について」「植民について」といった論説を書いた。作品自体は失われたが、たとえば「植民について」のなかでアリストテレスは、ギリシア人には友人として振舞い、異民族は敵として動物や植物のように扱うよう勧めたことが知られている。こうしたアリストテレスの異民族観をふまえれば、彼または彼の学派に属する誰かが、右のような内容の勧告を書いたことは十分にありうる。

そこでペルセポリス放火との関連でブリアンが着目するのは、まさにペルシス滞在中のアレクサンドロスの状況をふまえてはじめて、右の勧告が正確に理解できるということだ。つまりペルシスの住民全体がアレクサンドロスに反抗しているという事態こそが、ペルシア人強制移住の勧めにぴったり符合するというわけである。書簡の執筆者が誰であったにせよ、その人物は、前三三〇年前半のアレクサンドロスが置かれていた立場について、相当正確な情報をもっていたに違いない。

大王のジレンマと決断

以上のようなブリアンの解釈が正しければ、アレクサンドロスがペルセポリスに四ヵ月もの長きにわたって滞在した理由も明らかになる。この長期滞在の理由は従来必ずしも明確にされてこなかった。P・グリーンは、彼が三月の新年祭＝ノウルーズを祝うつもりだったという説を提出したが、これは「ペルセポリスの都」の章での議論に照らして成り立たない。真冬だったから行軍を避けたという理由も当たらない。そもそもアレクサンドロスは一二月にスサを出発し、真冬のザグロス山脈を踏破してペルセポリスに着いたのであって、すぐまたペルセポリスを出発して雪の中をエクバタナへ向かうことは、彼にとってなんら困難なことではなかったはずだから。

ブリアンによれば、彼はこの間ペルシス州の住民を帰順させるためにあれこれ試みたが、結局それに失敗したのである。実際彼は深いジレンマに陥っていた。一方で旧ペルシア帝国支配層との協調体制を作ろうとしているのに、目の前にいるペルシス住民たちは断固として自分への服属を拒否しているのだ。それまで順調であった東方協調路線は思わぬ障害にぶつかった。冬の間、彼は解決策を求めてひたすら考え続ける。そして最後の行動に出る。反抗をやめない住民への懲罰としてペルセポリスの宮殿を焼き払い、彼らの誇り高い民族意識を挫《くじ》いて、力ずくで帰順させようとしたのである。ブリアンの解釈は、アレクサンドロスに放火を促した真の要因が遠方のギリシア人ではなく、すぐ目の前のペルシア人にあったとする点に大きな特徴がある。決断を迫られた大王の心理を、きわめて説得的に洞察したものといえるだろう。

このように見てくると、パルメニオンが放火に反対した時の言葉が大きな真実味をもって思い起こされる。もう一度アリアノスを引用すると、パルメニオンはこう言って放火をやめさせようとした。

すでに自分のものになっている財産を破壊してしまうのは賢明ではないし、そんなことをしてもアジアの住民は、王は結局アジアの支配を維持しようと決意して来たのではなく、ただ征服して去ってしまうだけなのだと考えて、アレクサンドロスに心を寄せないだろう。（第三巻一八章一一節）

事実はしかし、放火以前からすでに住民は「アレクサンドロスに心を寄せ」ていなかったのだ。アレクサンドロスはこれに対してギリシア人のための復讐という理由を持ち出して放火を正当化しようとした。ブリアンの説が正しいとすれば、これは本当の理由を覆い隠す口実でしかなかったと言うべきである。

結　論

結局放火の真の動機は何だったのか。たんにギリシア人のためにペルシア戦争の復讐をするというだけなら、ペルセポリスを占領して都市部を略奪した時点でそれは完了していたはずであり、占領後四ヵ月もたってからわざわざ宮殿を焼き払う必要はない。アギス戦争の渦中にあるギリシア人へのアピールという動機は、的外れではないが唯一の動機とは言い難い。東方政策よりも対ギリシア政策が優先したという解釈は一面的だからである。ギリシア人への配慮は、大王の政策においては二次的な意味をもつにとどまった。ただギリシア本土におけるアギス戦争への鎮圧作戦がちょうど最終段階を迎えていたため、結果的に放火がギリシア人への政治的アピールとして受け取られる余地があったとは言える。結局ペルセポリス滞在中の大王の心理状態から推し量るに、目の前のペルシア人の反抗をねじ伏せることが、放火の真の、そして最大の目的だったというのが最も説得力のある解釈であると思われる。

ただしこの真の理由は公表されず、公式発表は、放火の目的があくまでもギリシア人のための復讐であることを強調したであろう。なぜなら王宮の放火がアレクサンドロスの東方協調路線と矛盾することは明白であり、彼としてはペルシス住民への懲罰という目的を隠すことが、遠征の継続と東方住民の平定のために有利であったろうから。もっとも真の目的が公表されたとしても、マケドニア人・ギリシア人将兵のあいだでは、一五〇年も前のペルシア戦争に対する復讐と、目の前のペルシス住民に対する懲罰とは、容易に混同されたに違いない。その目的が懲罰であれ復讐であれ、放火という具体的行為に変わりはないのだから。結局ギリシア人のための復讐という口実が当然のごとくに受け入れられ、それが放火の動機として一般に流布していったのである。

残る問題は、アレクサンドロスが放火を後悔したという伝承の真偽である。じつはこの問題は、王宮への放火がアレクサンドロスが意図したとおりの効果をもたらしたのかどうかという問題にかかわってくる。

アレクサンドロスの後悔

後悔の時期

王宮への放火をアレクサンドロス自身が後悔したという伝承は、プルタルコス、クルティウス、アリアノスの三人が伝えている。しかし後悔の時期は、作家によってそれぞれ異なる。まずプルタルコスは、「アレクサンドロスがすぐに後悔して火を消すように命じたということは、すべての作家が一致している」（第三八章八節）と述べている。「火を消すように命じた」ということは、宮殿が炎上している真っ最中に放火を後悔したということだ。これに対してクルティウスは、「アレクサンドロス自身は酩酊に打ち負かされた後で睡眠によって正気を取り戻した時に、自分の行為を後悔した」（第五巻七章一一節）と述べ、後悔したのは放火の翌日であるとしている。

放火が計画的であったなら、火を放ってすぐに後悔するはずがない。したがって炎上の最中にせよその翌日にせよ、放火してすぐに後悔したというこれらの伝承は、アレクサンドロスが酒に酔って衝動的に火を付けたということを前提にしてはじめて意味をなすものである。そして衝動的放火という伝承が創作であることはすでに見たとおりであるから、プルタルコスとクルティウスの記述は事実に反する。

結局まじめな検討の対象になるのはアリアノスだけである。彼は、アレクサンドロスがインドから帰還した前三二四年のこととして、次のように述べている。

アレクサンドロスはそこ（パサルガダイ）から、かつて彼自ら火を放ったペルシア人の王宮へと進んだ。この行為については筆者自身が認めることはできないとしながらも既に述べたところであるが、アレクサンドロス自身もまたこの地に帰ってきて、これを是認しなかったのである。（第六巻三〇章一節）

最後の箇所を、大牟田章氏は「やはり我ながらまずかったと思った」と訳している。ともかくアレクサンドロス自身、六年前の王宮放火を正しいこととは認めなかったわけである。それはなぜであろうか。放火から六年もたった時点でそれを後悔したというのだから、そこには何か政治的な背景があったに違いない。ここで浮かび上がってくるのは、彼の治世末期に東方協調路線は事実上の破綻をきたしていたという事実である。

東方協調路線の破綻

アレクサンドロスは前三三〇年五月にペルセポリスを進発してダレイオスを追撃し、ダレイオスが側近のベッソスらに殺害されると、今度はベッソスを追って中央アジアへと進んだ。ベッソスは前三二九年に捕えられたが、他のペルシア人貴族たちが広汎な住民とともに蜂起し、まる二年にわたって苦戦を強いられた。それからヒンズークッシュ山脈を越えて前三二六年にインド（現在のパキスタン）に入り、インダス川を渡ってさらに東へ進もうとする。しかしマケドニア兵がこれ以上の前進を拒否したため、ついに反転を決意した。そして前三二五年中ごろまで七ヵ月かけてインダス川を下り、インド洋に達する。それから西へ転じ、砂漠の横断で大きな犠牲を出した末、前三二四年初めにペルセポリスへ到着し、二月にスサへ帰還した。

彼が再びペルセポリスへやってきたころ、東方の属州全体に不穏な情勢が生まれていた。各地でイラン系の総督が乱脈な統治や住民に対する不正行為のゆえに訴えられたり、反乱を企てる者さえいたのである。属州総督に東方出身者を任命するという方針は前三三〇年以降も続いており、当時すでに一〇人を上回っていた。しかしここにいたってアレクサンドロスは、前三二五年末から翌年にかけて、これら高官たちの大粛清に踏み切る。その結果少なくとも五人のイラン系総督が処刑ないし解任され、その後任にはすべてマケドニア人が任命された。前三二三年にアレクサンドロスが死んだ時、イラン系の総督として残っていたのはわずか三人にすぎない。東方協調路線は大きな後退を余儀なくされたというべきである。ただし処刑された者たちのなかには三人のマケドニア人指揮官も含まれており、またアレクサンドロスの学友で財政責任者のハルパロスがギリシアへ逃亡するという事件も起きた。要するに一連の粛清の背景には複雑な政治的事情があるのであって、これを単純にアレクサンドロス対イラン系支配層という文脈で理解するべきではないのだが、ここではこれ以上立ち入ることは避ける。

問題は、高官たちの大粛清につながるような東方属州の不穏な情勢が、アレクサンドロスの目にどう映ったかということだ。彼としては、これまで進めてきた旧ペルシア帝国支配層の登用政策が、意に反する結果に終わったことを認識せざるをえなかったろう。その原因を探っていった時、彼の脳裏に浮かんだのは、かつて自分に反抗するペルシスの貴族や住民を力ずくで抑えつけるために、ペルセポリス王宮に火を放ったという事実だったかもしれない。総督たちの不正や反乱の真の原因が何であったにせよ、アレクサンドロスには、王宮への放火が彼らの民族的自尊心をひどく傷つけ、不正と混乱の土壌を作ってしまったのではないかという思いがよぎったのではなかろうか。王宮への放火は本来の目的とはまったく逆の結果をもたらした。この事実に思い至ったとき、彼のなかに放火を後悔する気持ちが生まれたのだと考えることができる。

アレクサンドロスの後悔についての以上の解釈が正しければ、後悔という結果から逆にブリアンの説の正しさが証明できることになろう。

伝承の形成過程

復讐物語の三点セット

　これまで論証してきたように、ペルセポリス王宮への放火は、アレクサンドロスが熟慮のうえで計画的に行なったものであり、放火の時期は、マケドニア軍がペルセポリスから出発する前三三〇年五月末ごろのことである。そしてその目的は、マケドニアへの服属を拒否するペルシス地方のペルシア人に懲罰を加えることであった。しかし表向きの発表では、放火の目的はギリシア人のためにペルシア人に報復することであると説明された。これが当時のギリシア人一般に受け入れられ、後世の人々もこの説明を信じた。さらにこの公式発表には創作された伝承がいくつも付け加えられ、現存するアレクサンドロス伝に見られるような物語ができあがったのである。

ところでW・ヘッケルは、ペルセポリス占領に関連する三つのエピソードを検証し、それらがペルシア人への復讐物語の三点セットになっているという興味深い結論を引き出した。そこでヘッケルの取り上げるエピソードを検証し、復讐物語の伝承がいかなる事実を核にしてどのように作られたのか、その形成過程を考察してみよう。

遊女タイスの物語

遊女タイスについてはすでに「王宮放火の真相」の章で詳しく論じたので、ここではいくつかの点を補足するにとどめたい。酒宴の席でアテナイ出身の遊女タイスがアレクサンドロスをそそのかし、大王を先頭に熱狂的なお祭り騒ぎでもって宮殿に火を付けた、というのが彼女の物語である。これはどのようにして作られたのか。

遠征軍には兵士たちを相手にする商人や遊女が多数つき従っており、彼らもペルセポリス周辺で四ヵ月間過ごしたはずである。兵士や遊女が具体的にどの場所に滞在していたのかについては、史料は明確には述べていない。唯一クルティウスは、宮殿が火炎に包まれたときに、「都市部からほど遠からぬ場所に宿営していた兵士たちは、火災に気づくとそれを事故と考えて救援にかけつけた」（第五巻七章六節）と述べている。基壇上には宮殿のほかに兵舎もあったが、それだけですべての兵士を収容することはむずかしかっただろう。

したがって王宮周辺の都市部にも相当数の兵士が滞在し、そのまわりに商人や遊女の居住区が自然にできあがっていたと思われる。

ともあれアレクサンドロスが王宮への放火を決行した日はペルセポリス進発の前日であり、兵士にとっても従軍する民間人にとっても、放火はペルセポリス滞在の最後を飾る一大イベントだったろう。遊女たちもまた野次馬のように群がって放火を見物したに違いない。これだけの事実があれば、あたかも遊女たちが放火を扇動したかのような噂が流れるのはたやすいことだったろう。そして彼女たちのなかで最も名前が知られていたはずのタイスが噂の中心になるのも時間の問題だったと思われる。

こうしたタイスの物語をギリシア人、とりわけアテナイ人が歓迎した背景には、当時のギリシアがマケドニアに征服され、各地にマケドニア人駐留軍が置かれていたという政治状況があった。アギス戦争には参加しなかったものの、独立の回復を求める意志がアテナイ人になかったわけではない。事実アレクサンドロスが死去した前三二三年には、アテナイ人はギリシア人の先頭に立って反マケドニア蜂起を起こした（ラミア戦争）。しかしこの蜂起は翌年には鎮圧され、マケドニアはアテナイの民主政を廃止して寡頭政を樹立し、市民権を制限した。こうした政治的状況こそ、タイスの物語が広まる素地であった。ペルシア人への復讐を果たしたのはマケドニア人ではなく、一介のアテナイ人遊女なのだと語ることで、ギリシア人は支配者たるマケドニア人に対して溜飲《りゅういん》を下げるような気分を味わったことだろう。その間にもこの物語にはさまざまな尾鰭《おひれ》がついていく。それらを集めて一つの物語にまとめあげ定着させたのが、前三世紀初めの伝記作家クレイタルコスである。

こうしてタイスの物語は、たんに生彩に富む小話というにとどまらず、アレクサンドロスの治世と彼の死後まもない時代における、ギリシアの政治的状況の産物でもあったのである。

身障者にされたギリシア人

「アレクサンドロスの到来」の章で紹介したように、ペルセポリスへ入る直前のアレクサンドロスのもとに、身障者にされたギリシア人の集団が現われて、アレクサンドロスに救いを求めた。このエピソードが明らかに創作であることもすでに触れた。しかし他方で、ギリシア人がペルシア領内に集団的に移住させられたという確かな事実がある。まずそうした事実を拾いあげてみよう。

(1)　ミレトス人

前五〇〇年、小アジアのエーゲ海沿岸地方のギリシア人が、ペルシア帝国に対して反乱を起こした。彼らはギリシア人のなかのイオニア人という一派に属するので、これをイオニア反乱と呼ぶ。それから六年におよぶ戦いを経て、前四九四年に反乱は鎮圧された。イオニアの中心都市であるミレトスの住民は、捕虜としてペルシア帝国の首都スサへ送られた。ダレイオス一世は彼らをアンペという町に住まわせた。それは紅海に面し、すぐそばをティグリス川が流れている。

ところでペルセポリスで発見された粘土板文書には、食料などの配給を受ける者たちの中にイオニア人の集団も現われる。彼らは王宮の建設に従事する職人たちであり、男性だけでなく女性も記載されていることから、家族ぐるみでペルセポリス周辺に住んでいたことがわかる。彼らの配給量は他の東方人に比べて少なく、その身分は従属的なものだったと推測される。これらのイオニア人が強制移住させられたミレトス人であるとは即断できないが、アンペに送られたミレトス人がそこに含まれていた可能性は否定できない。

(2)　エレトリア人

前四九〇年の第一次ペルシア戦争において、ペルシア艦隊はエーゲ海を西へ進んでギリシア本土に侵攻した。この時ペルシア海軍は、アテナイのすぐ北にあるエウボイア島に到着し、エレトリアという都市を包囲攻撃してこれを陥落させた。エレトリアはアテナイとともにイオニア反乱を支援したため、ペルシア軍はその報復を行なったのである。それからペルシア軍はマラトンの戦いでアテナイに敗れて帰国したが、その際エレトリア市民を奴隷としてスサに連行した。これはダレイオス一世の命令であった。ダレイオスは彼らに危害を加えることはせず、彼らを王直轄の領地アルデリッカに住まわせた。これはスサから四〇キロほど離れた場所である。したがってアレクサンドロスがバビロンからペルセポリスへ向かう途中で、これらのエレトリア人の子孫に出会ったか、あるいは彼らの存在について何か噂を聞いた可能性は十分ある。

(3)　エウボイア人

前三三一年のガウガメラの戦いでは、エウボイア人がペルシア側の戦列に加わっていた。クルティウスによると、彼らは今では退化して祖国の習慣も知らなかったという。ここに「退化」というのは、彼らがギリシア文化を失って、ペルシア人のような「野蛮な」民族と同じレベルにまで堕落した、という意味である。もちろんこの表現が、東方に対するギリシア・ローマ人の偏見であることは言うまでもない。

さて(2)で述べたエレトリアはエウボイア島にあったのだから、このエウボイア人とは前四九〇年に連行されたエレトリア人たちである可能性が強い。第一次ペルシア戦争からすでに一六〇年近くたった当時、強制移住させられたエレトリア人の子孫は、はるか以前にギリシア風の習慣を失い、もしかするとギリシア語さえ忘れていたかもしれない。そうした「精神的障害」という事実が、伝承の形成過程において「身体的障害」に変形された可能性もあるだろう。

こうして少なくとも三つの事実が核となって、身障者にされたギリシア人の伝承が創られた。第一に、ペルシアへ強制移住させられたギリシア人集団が存在すること、第二に、ペルセポリス王宮の建設にギリシア人の職人も雇われていたこと、第三に、アレクサンドロスがペルセポリスへ向かう途中で彼らの子孫に出会ったか、または彼らについての噂を聞いた可能性が強いこと、である。そして実際の記述においては、彼らは暴虐なペルシア人の牙にかかった哀れな犠牲者であることがことさらに強調された。その目的はペルシア人への憎しみを煽りたて、ペルセポリスの放火と略奪を正当化することにあった。身障者のギリシア人に言及している作家はディオドロスとクルティウスであり、この二人がいずれもペルセポリスの都市部における凄惨な略奪を詳しく描いているのは偶然ではない。そして二人の典拠は疑いなくクレイタルコスである。

ペルシア門の道案内人

スサからペルセポリスへ進む途中、アレクサンドロスはザグロス山中のペルシア門という隘路を通り抜けようとした。しかし「アレクサンドロスの到来」の章で述べたように、ペルシス州の総督が大軍を率いてこの間道の守りを固めており、強行突破をはかったマケドニア軍は大きな損害を出して後退せざるをえなかった。この時、地元の住民の一人が山中の間道を案内することを申し出た。その結果アレクサンドロスは間道を通ってペルシア軍の背後に回り、これを撃退することができた。復讐物語にまつわる第三の主人公は、この道案内人である。

現存する史料は、この案内人が二ヵ国語をあやつる人物だったと伝えている。プルタルコスによれば「父はリュキア人、母はペルシア人で両国語ができる男」(第三七章一節)であり、クルティウスは、彼が「ギリシア語とペルシア語に精通した男」(第五巻四章四節)であったと言う。ディオドロスによれば「ペルシア語を知っている、二ヵ国語に通じた男」で、「自分はリュキア人で(かつてペルシア人の)捕虜になったが、長年このあたりの山で羊飼いをしてきた。それゆえこの地方に精通しており、樹木の鬱蒼と茂った道を通って軍隊を案内し、ペルシア人守備隊の背後に連れていくことができる」と言った(第一七巻六八章五節)。リュキアとは、小アジアの南西部にある一地方である。彼がペルシアの捕虜になったという話が本当だとすれば、それは前四世紀中ごろの小アジアにおけるペルシア人総督たちの大反乱に関連するのかもしれない。それはともかく、案内人の登場についてはアリアノスも言及しているので、彼のおかげでアレクサンドロスが関門を突破することができたのは事実と見なしてよい。

そこで問題になるのは、この案内人の出現をデルフォイの神託が予言していたという伝承である。デルフォイとは、アポロン神を祀ったギリシア中部の聖域で、その神託の名声は東地中海全域にとどろいていた。問題の予言は次の三つの史料に見える。

アレクサンドロスが少年の頃、デルフォイの巫女《みこ》が、ペルシア遠征の際リュキア人がアレクサンドロスを案内するだろうと予言したのはこの男だったと言われる。（プルタルコス第三七章二節）

大王は、ある神託が発した予言を思いだした。彼が尋ねた時に神託は、一人のリュキア人がペルシスへの道案内になるだろうと答えたのである。（クルティウス第五巻四章一一節）

異国の狼が彼のペルシア遠征の道案内をするだろうという、アポロンの神託が下された。アレクサンドロスのもとに獣の皮をまとった牛飼いが近付き、リュキオスと名の

った。……アレクサンドロスは神託を思い出して、この牛飼いを信じた。（ポリュアイノス第四巻三章二七節）

三つ目の神託では狼が案内人になるとあるが、狼はギリシア語でリュコスというので、これは実際の案内人がリュキア出身であったことによる語呂合わせであろう。また彼の名前がリュキオスというのも、リュキアという出身地に由来することは疑いない。

さてデルフォイの神託を研究した学者によれば、ここに描かれた神託はとうてい本物とは言えないという。したがって、道案内人の出現についての予言は、後世の作家による創作である。では一介のリュキア人が、わざわざ神託によって言及されることになったのはいったいなぜだろうか。

テルモピュライの裏返し

第二次ペルシア戦争のときに、これとよく似たエピソードがあることが思い起こされる。前四八〇年夏、ペルシアの大軍はマケドニアを発ち、ギリシアを目ざして南下した。迎え撃つギリシア連合軍は、ギリシア中部のテルモピュライという、海と山に挟まれた隘路の守りを固め、勇敢な戦いでペルシア軍の侵入を阻止していた。ところが一人のギリシア人がクセルクセス王のもとを訪れ、山中の間道を教えた。そのためペルシア軍はこの間道を通ってギリシア軍の背後に現われ、ギリシア人守備隊は挟み撃ちになって全滅したのである。ヘロドトスの伝えるところでは、ペルシア王に間道を教えたのは、テッサリア人のエフィアルテスという男である（第七巻二一三章）。

テルモピュライとペルシア門でのエピソードを比較すると、両者はまさに表裏の関係にあることがわかる。テルモピュライでは、ギリシア人の道案内のおかげでペルシア軍がギリシア人守備隊を殲滅し、逆にペルシア門では、リュキアというペルシア帝国領内の一人物が案内をして、マケドニア軍がペルシア人守備隊を撃破した。このようにペルシア戦争での一事件が、敵味方をそっくり入れ替えたかたちで再び現われるのである。しかもテルモピュライの隘路を突破したペルシア軍は、そのあと一気に南下してアテナイを占領し、アクロポリスの神殿を焼き払った。この神聖冒瀆に対する報復が東方遠征の大義名分であったことは、本書で繰り返し述べたとおりである。そうすると、リュキア人の道案内を予言したデルフォイの神託も、やはりペルシア戦争への復讐を正当化するという役割を果たしていることがわかるだろう。要するにこのリュキア人は、ギリシア人の大義に奉仕するという神聖な使命を帯びて登場する。そしてアポロン神の予言どおり、彼はマケドニア軍によるペルシア門の強行突破を成功に導くのである。

ペルシア門で一人のリュキア人がマケドニア軍を案内したのは事実である、しかし彼についての神託は、右のような観点から後世に創作された。その作者もまたクレイタルコスであった可能性が強い。

あらためて時間の順序に並べると、ペルシア門での道案内をするリュキア人についての神託、身障者にされたギリシア人集団のアレクサンドロスへの嘆願、タイスの扇動によるペルセポリス王宮の放火、以上三つのエピソードはすべて、ペルシア帝国に対するギリシア人の報復戦争の大義という観点から創作され、ペルセポリスの破壊と略奪を正当化するという役割を果たしている。タイスの扇動はこれら一連の物語の一環であり、王宮の放火と炎上が物語の頂点をなすのである。

暴君としてのアレクサンドロス像

現存するアレクサンドロス大王の伝記がすべてローマ時代に書かれたものであることは、たびたび言及した。そこで最後に大王に対するローマ時代のイメージに触れて、そのなかでペルセポリス放火事件がどのような意味を与えられているかを明らかにしたい。

東方化と専制

ヘレニズム時代の作家たちがアレクサンドロスを英雄として賛美する傾向にあったのに対し、ローマ帝政時代には、アレクサンドロスは東方化した専制君主というイメージで見られるのが一般的であった。この暴君としてのアレクサンドロス像が生まれたのは、紀元前一世紀のローマ共和政末期、「内乱の百年」と呼ばれる時代である。当時はローマの有力政治家が自己の軍勢を率いて互いに戦い、勝利した軍人政治家はしだいに独裁政への傾斜を強めていった。これに対して共和政の伝統を守ろうとする哲学者や修辞学者は、独裁政治への警戒心と敵対意識をいだくようになる。そうしたなかでこれらの文人は、アレクサンドロスの姿をローマ共和政の敵に重ねあわせて見るようになった。帝政時代になってネロやカリグラといった暴君が現われると、このイメージはいっそう強められた。修辞学の伝統を受け継いだクルティウスやユスティヌスにおいて、暴君としてのアレクサンドロス像は伝記の中心テーマにさえなるのである。

ではこれらの伝記作者たちは、具体的に何をもって大王を暴君とみなすのか。

彼らが重視するのは、ペルシア帝国を滅ぼした後、大王がしだいに東方の風習や宮廷儀礼を取り入れて、マケドニア人の王からアジアの王へと変貌していったことである。前章において東方協調路線と呼んだのがこれにあたる。ローマ時代の作家によれば、こうした東方化、というより東方かぶれこそが、アレクサンドロスの専制化＝王としての堕落にほかならない。それはまた伝統的なマケドニア王、とりわけフィリッポス二世の路線からの逸脱であり、その否定でもある。たとえばユスティヌスは、そうした観点からの容赦ない道徳的・倫理的批判を投げつけている。

その間、皆の憤慨が全陣営にみなぎっていた。すなわち、彼（大王）は父のフィリッポスと違い、祖国の名前さえ否認して、ペルシア人の風習を受け入れたというのである。その祖国の風習のおかげで彼はペルシア人を打ち破ったというのに。（第一二巻四章一節）

その間、アレクサンドロスは彼の部下に対して、王としてではなく、敵としての憎しみによって怒り、狂い始めた。特に自分が父フィリッポスと祖国の風習を覆したといって非難されることに怒った。（第一二巻五章一〜二節）

ペルシア帝国が滅びた後、東方化を推進する大王と、これに反発する側近や一般兵士たちとの溝は深まる一方であった。伝統的なマケドニア国家中心主義にたつ側近たちは、大王を公然と非難・弾劾するようになる。こうした対立のなかで前三三〇年、最も有力な側近であるフィロータスが処刑され、彼の父親でフィリッポスの治世以来の重臣であるパルメニオンまでが謀殺された。前三二八年には、酒宴の席での口論が昂じて、アレクサンドロスは乳兄弟のクレイトスを刺殺した。さらに前三二七年には、王に仕える十代の若者である近習たちが、アレクサンドロス暗殺の陰謀を企てた。これは事前に発覚して陰謀者は逮捕されたが、首謀者のヘルモラオスは裁判においてアレクサンドロスの専制と横暴を弾効した。彼は、王の思い上りは今や自由な人間にとってますます耐えがたいものになっているとして、フィロータスとパルメニオン父子の処刑や、乱酔のさなかでのクレイトス殺害、アレクサンドロスの深酒と酔いつぶれなどを列挙し、自身とマケドニア人に自由を取り戻そうとしたのだ、と陰謀の動機を明らかにした。

ユスティヌスやクルティウスはこのような事実をもって、大王の専制、残忍、貪欲の証拠であると見なし、アレクサンドロスの人格は治世後半に堕落する一方であったという、道徳的・倫理的判決をくだしたのである。

この関連で注目すべきは、クルティウスが、アレクサンドロスの堕落の出発点をペルセポリス放火事件に置いていることである。放火を引き起こした酒宴の場面のすぐ前で、彼は次のように述べている。

彼の偉大な天賦の才、すなわちすべての王たちを凌ぐ高貴な性格、危険を堪え忍ぶ剛勇、計画を企て達成するときの迅速さ、投降した者への誠実さ、捕虜に対する寛大さ、許容される通常の快楽における自制、こういったものすべてを彼は、酒に対する限度をこえた愛好によって損なってしまった。（第五巻七章一節）

こうして暴君としてのアレクサンドロス像において、ペルセポリス放火事件は、大王の人格的堕落のはじまりという倫理的解釈を与えられたのである。

ひとこと付け加えると、こうした暴君像に対抗して、偉大な王としてのアレクサンドロス像を提示したのがアリアノスである。彼はそれまで顧みられなかったプトレマイオスやアリストブロスといった新史料を発掘し、冷静で公平な記述によって大王の功績を正しく評価しようとした。もっともアリアノスにしても、ペルセポリス放火やクレイトス殺害には同意できなかった。またアレクサンドロスの不当な行為を、いささか苦し紛れの論法で弁護している箇所もある。ともあれローマ帝政時代には、二つのアレクサンドロス像が対立しあっていたのである。

飲酒と酩酊

ペルセポリス放火やクレイトス殺害についての記述は、それらの事件がいずれも酒宴の席で起きたことを強調している。このことは、暴君としてのアレクサンドロス像の形成にあたって、飲酒と酩酊が無視できない位置を占めていたことを示している。ではアレクサンドロスは本当に酩酊・泥酔するまで飲んだのだろうか。じつはこの点について伝記作家たちの意見は真っ二つに分かれている。まず、大王が大酒飲みであったという記述から見ていこう。

ふだんはすべての王の中で最も愉快な人物であり、また善意に欠けることもなかったが、酒を飲むと自慢話をして人々に不愉快な感じを与え、余りにも軍人風になり、自分で自慢するばかりでなく、お世辞をいう連中に手もなく乗せられ、いあわせた真面目な人々はその連中のため当惑した。……飲んだ後は入浴してしばしば真昼まで眠り、時には一日中眠ってすごすこともあった。（プルタルコス第二三章七〜八節、井上一訳）

次のようなこととなると、もはや立派とは言えない。伝えられるところでは、彼はディオス月（マケドニアの第一月）の五日にメディア人の邸宅で痛飲し、六日は二日酔いで寝たきりで、翌日の行軍について指揮官たちに問われ、体を起こして「朝早くだ」と指図した以外は、まるで死んだも同然であった。七日にはペルディッカスの饗応を受けてまたも呑み、八日は寝こんでいた。同じ月の一五日にも呑んで、翌日は大酒の後のお定まりの様子であった。二七日にはバゴアスのもとで食事をして二八日は酔い伏していた。（アイリアノス『ギリシア奇談集』第三巻二三章、松平千秋・中務哲郎訳、一部変更）

さらにアレクサンドロスが熱病で死んだことについて、発熱の原因は前夜の痛飲だと述べる伝承もある。大王の痛飲とその悪影響を強調するこれらの伝承に対して、アレクサンドロスを弁護する作家ももちろんいる。

アレクサンドロスの酒飲みについては、アリストブロスも言っているように、それがいつも延々と長時間の酒宴になったのは、彼が元々飲める口でなかったからには酒のせいではなくて、むしろ側近たちにたいする付き合いのよさの故だったのである。(アリアノス第七巻二九章四節、大牟田章訳、一部変更)

酒についても考えられていたほど溺れたわけではない。そう思われたのは、手に酒盃を持ったまま、飲むよりも話すのに時間をとり、いつも長い話をしたからであるが、これも暇がたくさんあった時の話である。行動するとなると、酒も睡眠も娯楽も情事も見せ物も、他の将軍たちを引きとめるようには彼を引きとめることは出来なかった。(プルタルコス第二三章一節、井上一訳、一部変更)

プルタルコスの場合は、先に引用した箇所と矛盾しているように見えるが、酒を飲むときと行動する時を対比したものである。

一方の伝承はアレクサンドロスの深酒や酔いつぶれを伝える。他方の伝承は、大王は側近たちとの付き合いが良かったから大酒飲みに見えたにすぎないと言う。さてどちらが本当なのだろうか。

一般に古代マケドニア人は、ギリシア人から蛮族＝バルバロイと見なされていたが、その根拠の一つは、ギリシア人が葡萄酒を水で割って飲んだのに対し、マケドニア人は水で割らずに生《き》で飲んだことにあった。アレクサンドロスの父親のフィリッポス二世は大酒飲みで有名だった。彼の宮廷にいたテオポンポスという歴史家によると、フィリッポスはどこへ行くにも大勢の道化師や音楽師たちに取り巻かれ、暇さえあれば宴会を開いて徹夜で飲んでは騒ぎ回ったという。

アレクサンドロスもこうしたマケドニア宮廷の風習を受け継いでいたことは間違いなく、彼を他のマケドニア王と区別して特別視する理由は何もない。したがっていったん飲み始めれば彼が酔いつぶれることも珍しくはなかったろう。しかしプルタルコスも述べているように、作戦行動に移った時には彼は他の一切を投げ捨てて、目の前の課題に集中したのであった。そうした切り替えが見事にできたというのが真実に近いのではなかろうか。しかし後世の作家たちが彼の酒宴とペルセポリス放火とを結び付けた時、彼の飲酒は野蛮な行為の引きがねとして位置づけられ、それ以降の人格的堕落なるものまでが深酒と一体のものとして描かれたのである。

ペルセポリス王宮放火事件は、アレクサンドロスの治世の画期をなす重要な出来事であった。それだけにその真相と絡み合いながら、さまざまな伝承が後世に創られ流布していった。そこには当時の政治状況から大王に対するイメージまで、幾重もの土壌が積み重なっている。したがって伝承の形成過程を探ることは、事件の真相を復元するのみならず、アレクサンドロスの実像に迫るための重要な手がかりを与えてくれる。その意味でペルセポリス放火事件の研究は、アレクサンドロス研究の一つのモデルケースと言えるだろう。

参考文献

＊アレクサンドロス大王に関する古典史料

フラウィオス・アッリアノス（大牟田章訳註）『アレクサンドロス東征記およびインド誌』本文篇・注釈篇、東海大学出版会、一九九六年（五〇〇部限定出版）。

プルタルコス（村川堅太郎編）『プルタルコス英雄伝』中巻、ちくま学芸文庫、一九九六年。

ポンペイウス・トログス／ユニアヌス・ユスティヌス抄録（合阪學訳）『地中海世界史』京都大学学術出版会、一九九八年。

Arrian, *History of Alexander and Indica*, 2 vols. (Loeb Classical Library), London, 1976–1983.

Quintus Curtius, *History of Alexander*, 2 vols. (Loeb Classical Library), London, 1946.

Diodorus Siculus, VIII (Loeb Classical Library), London, 1963.

M. Junianus Justinus, *Epitoma Historiarum Philippicarum, Books VII to XII*, Chicago, 1992.

Plutarch's Lives, VII (Loeb Classical Library), London, 1919.

＊アレクサンドロス史料の注釈書および文献学的研究

J. E. Atkinson, *A Commentary on Q. Curtius Rufus' Historiae Alexandri Magni Books 5 to 7, 2,*

Amsterdam, 1994.
A. B. Bosworth, *A Historical Commentary on Arrian's History of Alexander,* vol.I, Oxford, 1980.
P. Goukowsky, *Diodore de Sicile XVII* (Budé), Paris, 1976.
J. R. Hamilton, *Plutarch Alexander: A Commentary*, Oxford, 1969.
N. G. L. Hammond, *Three Historians of Alexander the Great*, Cambridge, 1983.
N. G. L. Hammond, *Sources of Alexander the Great: an analysis of Plutarch's Life and Arrian's Anabasis Alexandrou*, Cambridge, 1993.
L. Pearson, *The Lost Histories of Alexander the Great*, New York, 1960.
J. C. Yardley and W. Heckel, *Justin, Epitome of the Philippic History of Pompeius Trogus, Volume I, Books 11-12: Alexander the Great*, Oxford, 1997.

＊アレクサンドロス大王に関する主な研究書

大牟田章『アレクサンドロス大王―「世界」をめざした巨大な情念―』清水新書、一九八四年。

森谷公俊『王妃オリュンピアス―アレクサンドロス大王の母―』ちくま新書、一九九八年。
A. B. Bosworth, *Conquest and Empire: The Reign of Alexander the Great,* Cambridge, 1988.
P. Green, *Alexander of Macedon, 336-323 B. C., A Historical Biography,* London, 1974.
J. R. Hamilton, *Alexander the Great,* London, 1973.
N. G. L. Hammond, *Alexander the Great: King, Commander and Statesman,* London, 1982.

R. Lane Fox, *Alexander the Great,* London, 1973.

J. M. O'Brien, *Alexander the Great: The Invisible Enemy, A biography,* London and New York, 1992.

M. Renault, *The Nature of Alexander,* New York, 1975.

F. Schachermeyr, *Alexander der Grosse: das Problem seiner Persönlichkeit und seines Wirkens,* Vienna, 1973.

U. Wilcken, *Alexander the Great,* New York, 1967.

*ペルセポリス王宮炎上事件およびアギス戦争に関する個別研究

E. Badian, 'Agis III', *Hermes* 95, 1967, 170-192.

E. Badian, 'Agis III: Revisions and Reflections', in I. Worthington (ed.), *Ventures into Greek History,* Oxford, 1994, 258-292.

J. M. Balcer, 'Alexander's Burning of Persepolis', *Iranica Antiqua* 13, 1978, 117-133.

E. N. Borza, 'The End of Agis' Revolt', *Classical Quarterly* 66, 1971, 230-235.

E. N. Borza, 'Fire from Heaven: Alexander at Persepolis', *Classical Philology* 67, 1972, 233-245.

A.B. Bosworth, 'The Mission of Amphoterus and the Outbreak of Agis's War', *Phoenix* 29, 1975, 27-43.

P. Briant, 'Conquête territoriale et stratégie idéologique: Alexandre le Grand et l'idéologie monarchique achéménide', in *Roi, Tribut et Paysans,* Paris, 1982, 357-404.

G. L. Cawkwell, 'The Crowning of Demosthenes', *Classical Quarterly* 19, 1969, 161-180.
N. G. L. Hammond, 'The Archaeological and Literary Evidence for the Burning of the Persepolis Palace', *Classical Quarterly* 42, 1992, 358-364.
W. Heckel, 'Alexander at the Persian Gates', *Athenaeum* 58, 1980, 168-174.
H. Sancisi-Weerdenburg, 'Alexander and Persepolis', in J. Carlsen et al. (eds.), *Alexander the Great: Reality and Myth*, Roma, 1993, 177-188.
M. A. Wes, 'Quelques remarques à propos d'une "lettre d'Aristote à Alexandre", *Mnemosyne* 25, 1972, 261-295.
G. Wirth, 'Alexander zwischen Gaugamela und Persepolis', *Chiron* 1, 1971, 133-152.

＊マケドニア人とギリシア人の饗宴

E. N. Borza, 'The Symposium at Alexander's Court', in *Ancient Macedonia* III, Thessalonike, 1983, 45-55.
J. Burton, 'Women's Commensality in the Ancient Greek World', *Greece & Rome* 45, 1998, 143-165.
O. Murray (ed.), *SYMPOTICA; A Symposium on the Symposion,* Oxford, 1990.
R. A. Tomlinson, 'Ancient Macedonian Symposia', in *Ancient Macedonia* I, Thessalonike, 1970, 155-161.

＊ペルシア史一般

小川英雄・山本由美子『オリエント世界の発展』（世界の歴史4）中央公論社、一九九八年。

春田晴郎「イラン系王朝の時代」（『岩波講座世界歴史2』岩波書店、一九九八年）。

P. Briant, *Histoire de l'empire Perse: de Cyrus à Alexandre,* Paris, 1996.

J. M. Cook, *The Persian Empire,* London, 1983.

M. A. Dandamaev, *A Political History of the Achaemenid Empire,* Leiden, 1989.

M. A. Dandamaev/V. C. Lukonin, *The Culture and Social Institutions of Ancient Iran,* Cambridge, 1989.

I. Gershevitch (ed.), *The Cambridge History of Iran Vol.2: The Median and Achaemenian Periods,* Cambridge, 1985.

H. Sancisi-Weerdenburg et al. (eds.), *Achaemenid History* I-IX, Leiden, 1987-1996.

D. Stronach, *Pasargadae*, Oxford, 1978.

＊ペルセポリスに関する基本文献

E. F. Schmidt, *Flights over Ancient Cities of Iran,* Chicago, 1940.

E. F. Schmidt, *Persepolis I. Structures, Reliefs, Inscriptions,* Chicago, 1953.

E. F. Schmidt, *Persepolis II. Contents of the Treasury and Other Discoveries,* Chicago, 1957.

E. F. Schmidt, *Persepolis III. The Royal Tombs and Other Monuments,* Chicago, 1970.

A. B. Tilia, *Studies and Restorations at Persepolis and Other Sites*, I, Roma, 1972; II, 1978.
D. N. Wilber, *Persepolis: The Archaeology of Parsa, Seat of the Persian Kings* (Revised Edition), Princeton, 1989.

＊シュミットについて

R. C. Haine, 'Erich F. Schmidt', *Journal of Near Eastern Studies* 24, 1965, 145-148.
J. M. Balcer, 'Erich Friedrich Schmidt, 13 September 1897 – 3 October 1964', in *Achaemenid History* VII, Leiden, 1991, 147-172.

＊ペルセポリス関連の個別研究

伊藤義教「ペルセポリスのダリウス王宮（タチャラ）の性格について」（『京都大学文学部研究紀要』一三、一九七一年）。

伊藤義教「アパダーナを考える」（『オリエント』一六、一九七三年）。

川瀬豊子「ハカーマニシュ朝ペルシアの交通・通信システム」（『岩波講座世界歴史２』一九九八年）。

川瀬豊子「ペルセポリス王室経済圏における馬群管理」（『オリエント』三〇、一九八七年）。

佐藤　進「アカイメネス朝ペルシア王室経済の研究（一）（二）」（『東京教育大学文学部紀要・史学研究』九一・一〇六、一九七三・七六年）。

浜畑祐子「ノウルーズ」（『オリエント』三一、一九八八年）。

山中由里子「『アリストテレスのアレクサンドロスへの書簡』—アラブ世界への移入—」(『オリエント』四一、一九九八年)

N. Cahill, 'The Treasury at Persepolis: Gift-Giving at the City of the Persians', *American Journal of Archaeology* 89, 1985, 373-389.

P. Calmeyer, 'Textual Sources for the Interpretation of Achaemenian Palace Decorations', *Iran* 18, 1980, 55-63.

P. Calmeyer, 'Das Persepolis der Spätzeit', in *Achaemenid History* IV, Leiden, 1990, 7-36.

F. Krefter, 'Persepolis im Modell', *Archaeologische Mitteilungen aus Iran* 2, 1969, 123-137.

R. Ghirshman, 'Notes iraniennes VII: A propos de Persēpolis', *Artibus Asiae* 20, 1957, 265-278.

C. Nylander, 'Al-Bērūnī and Persepolis', *Acta Iranica* 1, 1974, 137-150.

A. U. Pope, 'Persepolis as a Ritual City', *Archaeology* 10, 1957, 123-130.

M. Roaf, 'Texts about the Sculptures and Sculptors at Persepolis', *Iran* 18, 1980, 65-74.

M. Roaf, 'Sculptures and Sculptors at Persepolis', *Iran* 21, 1983, 1-164.

M. C. Root, 'The King and the Kingship in Achaemenid Art: Essays on the Creation of an Iconography of Empire', *Acta Iranica* 19, 1979.

M. C. Root, 'The Parthenon Frieze and the Apadana Reliefs at Persepolis: Reassessing a Programmatic Relationship' *American Journal of Archaeology* 89, 1985, 103-120.

H. Sancisi-Weerdenburg, 'Through travellers' eyes: the Persian monuments as seen by European

travellers', in *Achaemenid History* VII, Leiden, 1991, 1-35.
H. Sancisi-Weerdenburg, 'Nowruz in Persepolis', in *Achaemenid History* VII, Leiden, 1991, 173-201.
W. M. Sumner, 'Achaemenid Settlement in the Persepolis Plain', *American Journal of Archaeology* 90, 1986, 3-31.

＊ペルシア碑文

R. G. Kent, *Old Persian: Grammer, Texts, Lexicon,* New Haven, 1953.
伊藤義教『古代ペルシア』岩波書店、一九七四年。
佐藤　進「古代ペルシア語碑文」（筑摩世界文学大系１『古代オリエント集』筑摩書房、一九七八年）。

＊ペルシア＝ギリシア関係

G. Goossens, 'Artistes et artisans étrangers en Perse sous les Achéménides', *La Nouvelle Clio* I-II, 1949/50, 32-44.
F. Grosso, 'Gli Eretriesi deportati in Persia', *Rivista di Filologia e di Istruzione Classica* 86, 1958, 351-375.
J. P. Guépin, 'On the Position of Greek Artists under Achaemenid Rule', *Persica* 1, 1963-64, 34-52.
M. C. Miller, *Athens and Persia in the Fifth Century BC: A study in cultural receptivity,* Cambridge, 1997.

C. Nylander, *Ionians in Pasargadae,* Upsala, 1970.

G. M. A. Richter, 'Greeks in Persia', *American Journal of Archaeology* 50, 1946, 15-30.

M. Roaf and J. Boardman, 'A Greek Painting at Persepolis', *Journal of Hellenic Studies* 100, 1980, 204-206.

あとがきにかえて

ヴァイオリン独奏の名曲に「タイスの瞑想曲」というのがある。ゆっくりと高まる甘美な旋律が印象的なこの曲に、なぜタイスという名がついているのか。本書の読者には、もしかしてアレクサンドロスに王宮放火をそそのかした遊女タイスと関係があるのでは、という疑問が浮かぶであろう。答えはどうやらイエスである。

「タイスの瞑想曲」は、フランスの作曲家ジュール・マスネ（一八四二～一九一二年）が書いた三幕の歌劇『タイス』のなかで演奏される、独奏ヴァイオリンとハープによる間奏曲である。舞台は紀元四世紀末のエジプト。キリスト教の修道士アタナエルは、ナイル河畔の僧院で信仰の生活を送っている。一方歓楽と退廃の都アレクサンドリアの劇場では、娼婦タイスが観衆の大喝采を浴びていた。アタナエルはアレクサンドリアを退廃から救い、タイスを悔い改めさせるのが自分の使命であると考え、彼女に会って、罪深い生活を捨て信仰に生きるよう説得する。享楽的な生活に倦み疲れていたタイスは、抵抗したり逆に彼を誘惑したりするものの、結局彼の勧めを受け入れ、二人して砂漠へ出かけていく。アタナエルはタイスを尼僧院に託し、タイスはこうして心の平安を得ることができた。ところがアタナエルの胸にはタイスへの思いが湧きおこり、彼は道ならぬ恋に懊悩する。こらえきれずに彼は僧院を飛び出し、尼僧院へと駆けつける。しかしタイスはすでに瀕死の床についていた。愛をうちあける彼の言葉も耳に入らず、タイスは天国を見ながら安息のうちに死んでいく。アタナエルは絶望の叫びをあげて彼女のそばに崩れる。

瞑想曲は、第二幕第一場でアタナエルがタイスの説得を試みたあと、いったん幕が降りたところで演奏される。つづく第二場で、タイスは彼についていく決心をする。したがってこの瞑想曲は、退廃の生活から神の道へ入ろうとするタイスの転換を表わしているわけである。その後もこの旋律は、タイスへの思慕の念がアタナエルの胸中に起きる場面でも管弦楽によって奏され、彼が尼僧院めざして飛び出していった後の間奏曲にも登場し、瀕死のタイスとアタナエルの最後の対面の場面にも流れる。

マスネが歌劇『タイス』を作曲したのは一八九二年から九三年にかけてで、初演は一八九四年二月一六日、パリのオペラ座。台本の作者はルイ・ガレで、その原作本はアナトール・フランス（一八四四〜一九二四年）の小説『タイス』である（邦訳は「舞姫タイス」『アナトール・フランス長編小説全集』第八巻、白水社、一九五〇年）。歌劇中のアタナエルは、小説ではパフニュスという名前で登場する。雑誌での初出は一八八九年、単行本として刊行されたのは一九九〇年である。一見すると、タイスの象徴する肉欲と、修道士パフニュスの象徴する霊との相克を描いた作品だが、修道士は恋に迷って地獄におち、娼婦は悔い改めて聖女になる。訳者の水野成夫氏は、これを作家としてのアナトール・フランス前半期の金字塔と評している。

ではアナトール・フランスはどこからタイスの物語の着想を得たのだろうか。歌劇『タイス』の唯一の録音（ロリン・マゼール指揮、ニュー・フィルハーモニア管弦楽団、東芝エミー発売）に付せられた河合秀朋氏の解説には、次のような紹介がある。

娼婦が聖女となる聖徒伝のタイースの物語は一〇世紀にドイツの修道女によって書かれ、後にノーベル文学賞を受賞するフランスの作家アナトール・フランスがそれを基に一八六七年に詩作し、九〇年に小説化した。

一〇世紀ドイツの修道女とは誰を指すのか、彼女が何に基づいてタイスの物語を書いたのか、残念ながら今の私には不明である。しかしアナトール・フランスの原典がこの修道女の作品であったとしても、彼の念頭に「アレクサンドロス伝」の遊女タイスがあったという可能性は否定できないであろう。彼の生い立ちがそれを示唆しているからである。

アナトール・フランスの父は書店主で、しかもその店は、古書をあさる学者文人のつどう、フランス革命もの専用の書店だった。一歩家を出ればセーヌ河岸に露天の古本屋が並び、対岸にはルーブル美術館がある。こうした環境で少年時代を過ごす一方、アナトールは一一歳から二〇歳まで、パリの名門であるスタニスラス高等中学校で学び、ここでギリシア・ローマの古典文学に親しんだ。彼の古典の教養は、愛書家を主人公とする出世作『シルヴェストル・ボナールの罪』（一八八一年）にもうかがうことができる。卒業後はまず出版社に勤め、ついで上院図書館の司書となる。このような経歴をもつフランスが、プルタルコスの英雄伝を知らなかったはずがない。小説『タイス』の舞台がキリスト教の時代に設定されているとはいえ、タイスという名の娼婦と都市アレクサンドリアの組合せは、そもそも「アレクサンドロス伝」に由来すると考えてよいのではなかろうか。

すでに見たように、ペルセポリス王宮における遊女タイスの物語はヘレニズム時代のギリシア人を魅惑し、ローマ時代にもプルタルコスをはじめとする作家たちに引用されて、広く読まれた。さらに一六世紀、フランスの人文主義者ジャック・アミヨが訳したプルタルコス『英雄伝』（一五五九年）は大好評を博し、それ以後アミヨの翻訳は一般教養に欠かせない作品として受け継がれていく。こうした知的土壌の上にアナトール・フランスの『タイス』が書かれ、これをマスネが歌劇に仕立て、その間奏曲が独立して「タイスの瞑想曲」となった。こうしてペルセポリス王宮炎上事件は、そのあまりにもドラマチックな性格のゆえに、現代にまでその反響を伝えているのである。

本書の執筆にあたっては、古代ギリシア史の澤田典子氏、ギリシア考古学の周藤芳幸氏、古代ペルシア史の春田晴郎氏に原稿をお読みいただき、貴重なご教示をいただいた。心からお礼を申し上げたい。

二〇〇〇年一月

森　谷　公　俊

著者紹介
一九五六年、徳島県に生まれる
一九七九年、東京大学文学部西洋史学科卒業
現在、帝京大学助教授
主要著書・論文
王妃オリュンピアス　西洋古代史研究入門
（共著）　アレクサンドロス大王からヘレニズム諸王国へ（『岩波講座世界歴史』五）

歴史文化ライブラリー
88

王宮炎上
アレクサンドロス大王とペルセポリス

二〇〇〇年（平成十二）三月一日　第一刷発行

著者　森《もり》谷《たに》公《きみ》俊《とし》
発行者　林　英男
発行所　株式会社　吉川弘文館
東京都文京区本郷七丁目二番八号
郵便番号一一三―〇〇三三
電話〇三―三八一三―九一五一〈代表〉
振替口座〇〇一〇〇―五―二四四
印刷＝平文社　製本＝ナショナル製本
装幀＝山崎　登

歴史文化ライブラリー

1996.10

刊行のことば

現今の日本および国際社会は、さまざまな面で大変動の時代を迎えておりますが、近づきつつある二十一世紀は人類史の到達点として、物質的な繁栄のみならず文化や自然・社会環境を謳歌できる平和な社会でなければなりません。しかしながら高度成長・技術革新にともなう急激な変貌は「自己本位な刹那主義」の風潮を生みだし、先人が築いてきた歴史や文化に学ぶ余裕もなく、いまだ明るい人類の将来が展望できていないようにも見えます。このような状況を踏まえ、よりよい二十一世紀社会を築くために、人類誕生から現在に至る「人類の遺産・教訓」としてのあらゆる分野の歴史と文化を「歴史文化ライブラリー」として刊行することといたしました。

小社は、安政四年（一八五七）の創業以来、一貫して歴史学を中心とした専門出版社として書籍を刊行しつづけてまいりました。その経験を生かし、学問成果にもとづいた本叢書を刊行し社会的要請に応えて行きたいと考えております。

現代は、マスメディアが発達した高度情報化社会といわれますが、私どもはあくまでも活字を主体とした出版こそ、ものの本質を考える基礎と信じ、本叢書をとおして社会に訴えてまいりたいと思います。これから生まれでる一冊一冊が、それぞれの読者を知的冒険の旅へと誘い、希望に満ちた人類の未来を構築する糧となれば幸いです。

吉川弘文館

〈オンデマンド版〉
王宮炎上
アレクサンドロス大王とペルセポリス

歴史文化ライブラリー
88

2017年（平成29）10月1日　発行

著　者　森《もり》谷《たに》公《きみ》俊《とし》
発行者　吉川道郎
発行所　株式会社　吉川弘文館
〒113-0033　東京都文京区本郷7丁目2番8号
TEL　03-3813-9151〈代表〉
URL　http://www.yoshikawa-k.co.jp/

印刷・製本　大日本印刷株式会社
装　幀　清水良洋・宮崎萌美

森谷公俊（1956～）

ISBN978-4-642-75488-0